AF299327

ALPHABET

INGÉNIEUX,

OU

MÉTHODE

TRÈS-FACILE,

POUR APPRENDRE A LIRE

EN PEU DE JOURS;

Par *JEAN MOULINIER & PIERREGOBAIN,*
Maîtres Écrivains-Jurés de la ville de Bordeaux.

Revu & corrigé.

A PARIS,

Du Fonds de DENIS-JEAN *AUMONT,*

A LA LIBRAIRIE CLASSIQUE DE MAIRE-NYON,

Gendre et Successeur D'AUMONT, Vᵉ NYON Jᵉ,
Quai de Conti, nº 13.

M. D CCC XXXIII.

PRÉFACE.

L'usage de cet Alphabet ingénieux est non-seulement utile aux enfans, mais même à une infinité de personnes qui ne savent pas lire régulièrement; parce qu'elles n'ont jamais réfléchi sur la difficulté qu'il y a de savoir distinguer & assembler les syllabes; ce que connoîtront clairement ceux qui se serviront de ce Livre; car il renferme la Méthode d'apprendre à bien lire en peu de jours, & est absolument nécessaire pour l'Orthographe, étant certain qu'on ne peut écrire un mot qu'auparavant l'esprit n'en ait distingué & assemblé les syllabes; ainsi les fautes que l'on y fait, viennent de ce qu'on ne sait pas syllaber les mots, ne connoissant pas le nombre des lettres voyelles & consonnes qu'il faut pour composer une syllabe.

De la Lettre.

La Lettre est une partie indivisible du discours.

On compte ordinairement vingt-trois lettres, mais en y ajoutant *j* & *v* consonnes & *s* rondes ou finale, il y en a vingt-six, qui sont, A, B, C, D, &c. *pages* 10 & 11.

On nomme voyelles, *a*, *e*, *i*, *o*, *u*, *y*, parce que ces lettres forment un son d'elles-mêmes.

On nomme consonnes les autres lettres, parce qu'elles sont jointes avec une voyelle, ne pouvant seules faire un son.

Par exemple, la lettre *B* ne forme aucun son d'elle-même, si elle n'est suivie d'une des cinq voyelles, comme *ba*, *be*, *bi*, *bo*, *bu*. Il en est de même dans toutes les autres lettres consonnes. Il est fort utile que les enfants qui apprennent à lire, soient instruits sur ceci.

L'*j* consonne se distingue de l'*i* voyelle par sa figure, & se joint aux voyelles pour faire les syllabes, comme, *ja*, *je*, *ji*, *jo*, *ju*, &c.

L'*v* consonne se distingue aussi de l'*u* voyelle par sa figure, & se joint aux voyelles pour faire les syllabes, *va*, *ve*, *vi*, *vo*, *vu*, &c.

Or la lecture de ce Livre servira à détruire tous les doutes que l'esprit pourra avoir sur ce sujet, puisque l'on a disposé à gauche les mots dans l'ordre commun & ordinaire, & à la droite ces mots sont séparés par un trait perpendiculaire, & les syllabes par un trait horizontal. Cette méthode est d'un grand secours pour les commençants. Dans les pays étrangers l'on se sert de cette manière d'enseigner, avec un succès admirable. C'est ce qui nous engage à la rendre publique.

A 2

LES accens font des petites marques pour défigner le ton & l'inflexion de la voix.

Il y en a de trois fortes, favoir :

L'accent aigu ('), *l'accent grave* (`), & *l'accent circonflexe* (^).

L'accent aigu ' fe prononce d'un ton aigu, et fe met fur tous les *é* fermés; comme dans ces mots, *été*, *amitié*, *élevé*, *éveillé*, *vérité*, &c. &c

Dans les mots qui ont deux *e* à la fin, pour le genre féminin, on ne met l'accent que fur 1 premier *e*, comme dans ces mots, admir*ée*, lou*ée* blâm*ée*, &c. &c.

L'accent grave ` fe met fur les *e* ouverts lorfqu'il fe trouvent à la fin des mots, & qu'ils font fuivi d'une *s*, comme après, accès, abcès, &c. &c.

L'accent grave ` fe met encore fur *a* qui e article, foit de perfonne, foit de lieu, *à* mon pere *à* toi, *à* moi, &c. *à* Paris, *à* Rouen, *à* Lyon, &c l'accent grave ` ne fe met point fur les troifieme perfonnes du verbe *avoir*, *a* dit, *a* écrit, *a* lu *a* fait, *a* reçu &c.

L'accent grave ` fe met fur *où*, quand il fignifi un lieu, *où* allez-vous, *où* eft-il, d'*où* vient-il ?

L'accent circonflexe ^, fe met fur toutes le voyelles longues, comme grâce, blâme, âcre être, cédre, trône, flûte, bûche, &c. &c.

Des Signes employés dans l'écriture.

Cette figure (') mife entre deux lettres, s'appell *apoftrophe*, & tient lieu d'un *a*, d'un *e*, d'un *i*, d'un d'un *u*, qui eft retranché, comme dans ces fyllab *l'a*, *l'e*, *l'i*, *l'o*, *l'u*, & dans ces mots, *l'âme*, *l'églife*, *l'ignorant*, *l'or*, *l'univers*, &c. &c.

Cette figure (-) s'appelle divifion, ou trait-d'union. *Très-bien*, *très-beau*, *très bon*, *très-cher*; elle fe met encore à la fin d'une ligne lorfque le mot n'eft pas fini.

La cédille (,) eft une petite virgule ou un petit *c* renverfé qui fe met fous le *ç* dans les mots où le *c* doit être prononcé comme une s, comme dans ces mots, foupçon, hameçon, mâçon, garçon, &c.

Le guillemet (»), ce font deux petites virgules, placées à côté l'une de l'autre, qui fe mettent pour citer les paffages tirés de quelques-auteurs.

Des différentes efpèces de points & virgules.

Cette figure (,) s'appelle virgule, et sert à marquer la division des parties d'une phrase; il faut s'y arrêter un instant.

Cette figure (;) s'appelle point & virgule; il faut s'y arrêter un peu plus long-tems qu'à la virgule feule.

Cette figure (:) s'appelle deux points: elle demande que l'on foutienne la voix, & que l'on faffe une paufe un peu plus longue qu'au point-virgule.

Cette figure (.) s'appelle point. Elle marque un fens achevé; il faut s'y arrêter long-tems, en baiffant la voix.

Cette figure (?) s'appelle point interrogant, & marque que l'on doit élever un peu la voix en interrogeant, comme quand on dit, *que voulez-vous ? où allez-vous ? que faites-vous ? que dites-vous ?* &c.

Cette figure (!) s'appelle point d'admiration, & marque qu'il faut admirer, ou être furpris d'une bonne ou mauvaife action, comme dans ces

mots, *quelle docilité ! quelle bonté! quel crime !
quel attentat,! &c. &c.*

(ë) tréma, (ï) tréma, (ü) tréma ; lorſque ces
lettres ſe trouvent dans un mot, il faut donner à la
ſyllabe deux ſons, comme dans ces mots, *poële,
moëlle, haïr, Saül,* &c. &c.

Le paragraphe (§) eſt une marque ou ſigne
de renvoi.

La parentheſe ( ) ſert à renfermer un petit nombre de paroles qui ſont néceſſaires au diſcours,
mais qui en coupe le ſens, comme dans cet exemple, Saint Auguſtin dit (page 1 de ſes Soliloques :)
» Que je vous connoiſſe ô mon Dieu, &c.

Syllabe, ce ſont pluſieurs lettres jointes enſemble, qui forment un ſon; il y a dix-neuf conſonnes
(page dixieme de ce livre,) qui ne font aucun
ſon ſans le ſecours d'une voyelle; chacune des ſix
voyelles (même pag.) forme un ſon ou ſyllabe,
ſans le ſecours d'aucune autre lettre.

Tous les livres ſont compoſés de vingt-cinq
lettres différentes, avec leſquelles on fait des ſyllabes, & de ces ſyllabes, des mots.

Une ſyllabe eſt compoſée de pluſieurs lettres
enſemble qui donnent un ſon, ba, be, bi, bo, bu.

Un mot eſt compoſé de pluſieurs ſyllabes jointes
enſemble, *lec-tu-re, é-cri-tu-re, do-ci-li-té.*

Il faut commencer par bien prononcer les ſyllabes pour parvenir à la connoiſſance de leur
aſſemblage, & former enſuite des mots.

Ecoutez avec docilité les avis de ceux qui vous
inſtruiſent, mettez-les en pratique, vous devien-
drez ſavans, vous ferez leur conſolation, & la
récompenſe du fruit de leurs travaux.

Allégorie du Pere Brumoi, fur l'éducation ; il
compare le maître d'éducation à un Oifeleur, &
les enfans aux oifeaux qu'on inftruit. Il n'y a pas
un trait dans toute la piece qui ne juftifie la jufteffe
de cette comparaifon.

Vous faites apprentiffage
Dans le métier d'Oifeleur ;
Ce n'eft pas un badinage,
Et cet art veut un Docteur.

Oifeaux d'efpece diverfe
Vont exiger votre foin,
Souffrez que je vous exerce,
Et vous prépare de loin.

Les oifeaux que l'on cajole
Négligemment & fans art,
Pour fruit de ce foin frivole,
Chantent fouvent au hazard.

Cet exercice pénible
Exige un talent heureux ;
Devenez s'il eft poffible,
Oifeau vous-même avec eux.

Connoiffez le caractere
De vos tendres nourriffons ;
L'Oifeleur qui veut bien faire,
Y conforme fes leçons.

Craint, fi vous le voulez être,
Gagnez pourtant leur amour,
Ils favent trop vous connoître
Et vous haïr à leur tour.

Par un éclatant ramage
Ne vous laiffez point frapper ;

A

Qui juge par le plumage,
Eſt ſujet à ſe tromper.

Point d'injuſte préférence,
Elle produit des jaloux:
Entre eux nulle différence,
Ils ſont tous égaux pour vous.

Vous en verrez de volages,
Fixez-les adroitement:
Vous en verrez de ſauvages,
Corrigez-les doucement.

Mais par un air trop ſévere,
N'aigriſſez point leur humeur;
Il faut tempérer en Pere
La crainte par la douceur.

Il eſt une heureuſe adreſſe
De faire goûter ſes loix;
N'armez jamais de rudeſſe
L'air, le geſte, ni la voix.

Sur l'Oiſeleur, quoi qu'il faſſe,
Le jeune oiſeau ſe conduit;
Et l'humeur du Maître paſſe
Dans l'Eleve qu'il inſtruit.

Un oiſeau dans l'eſclavage,
Regrette ſa liberté;
Pour lui faire aimer la cage,
Il veut être un peu flatté.

Qu'un eſprit doux & ſincere
Se prête à tous leurs beſoins;
Vous leur tenez lieu de mere,
Vous leur en devez tous les ſoins.

Par un trop long exercice,

N'effrayez point vos oifeaux;
Que votre leçon mûriffe
Dans leurs débiles cerveaux.

La leçon, pour être utile,
Doit leur plaire en s'apprenant;
Et jamais un Maître habile
N'inftruira qu'en badinant.

Faites-leur aimer la gloire,
En des combats innocens;
Récompenfez la victoire
De leurs timides accens.

Une foible récompenfe
Animera leurs efforts;
D'un éleve qui commence
Louez jufqu'au moindre effort.

Fruftré de votre efpérance,
Ne vous rebutez jamais:
Le tems, la perfévérance,
Améneront le fuccès.

Peut-être, plein de colere,
Briferez-vous vos pipeaux;
Mais tel qui vous défefpere,
Peut répondre à vos travaux.

Apprenez que cette étude
Où votre efprit s'eft fixé,
Eft des emplois le plus rude,
Et le moins récompenfé.

Mais du public avantage,
Si votre cœur eft épris,
Songez, Tircis, que le fage
L'achete même à ce prix.

Il y a vingt-quatre Lettres.

A B C D E F G H I J K L M

a b c d e f g h i j k l m

N O P Q R S T U V X Y Z &

n o p q r ſs t u v x y z &

Lettres doubles.

æ ﬅ & œ ﬁ ﬃ ﬀ ﬂ ﬄ ſi ﬃ ﬂ ﬀ ﬅ w

Il y a cinq voyelles.

A E I O U

a e i o u

Y peut cependant être regardé
y comme une ſixieme.

Il y a dix-neuf consonnes.

B C D F G H J K L M N P Q

b c d f g h j k l m n p q

R S T V X Z

r [ſs] t v x z

différentes espèces d'E.

e   é   è   ê

eu.   fermé.   ai.   ais.

point. virgule, point & virgule;

(.)   (,)   (;)

point d'interrogation? d'admiration!

(?)   (!)

A 6

Différence des Lettres.

b d p q f ſ
B D P Q F S

Voyelles brèves.

o, ot, au, eau > u, ut, eu, eut > i, y, it
a , ea , at, > é, et, &, ai er > æ, œ

Voyelles longues.

â, as, ât > ê, eſt, aî, ais, ois, oît, oient
î, is, ie > ô, os, aux, eaux > û, us, eût.

Voyelles naſales.

an , am > in , im > on , om > un , um

Syllabes différentes, de mêmes ſons.

Ka	ca . . . . co cu
Sa	ça cé cè cê ce ci ço çu
Ga	ga . . . . . . go gu
Gha	gua gué guè guê gue gui go gu
Ja	gea gé gè gê ge gi geo geu

A	É	È	Ê	E	I	O	U
a	é	è	ê	e	i	o	u
ba	bé	bè	bê	be	bi	bo	Bu
da	dé	dè	dê	de	di	do	Du
fa	fé	fè	fê	fe	fi	fo	Fu
ja	jé	jè	jê	je	ji	jo	Ju
ka	ké	kè	kê	ke	ki	ko	Ku
la	lé	lè	lê	le	li	lo	Lu
ma	mé	mè	mê	me	mi	mo	Mu
na	né	nè	nê	ne	ni	no	Nu
pa	pé	pè	pê	pe	pi	po	Pu
ra	ré	rè	rê	re	ri	ro	Ru
ſa	ſé	ſè	ſê	ſe	ſi	ſo	Su
ta	té	tè	tê	te	ti	to	Tu
va	vé	vè	vê	ve	vi	vo	Vu
xa	xé	xè	xê	xe	xi	xo	Xu
za	zé	zè	zê	ze	zi	zo	Zu

ſa, pha   ta, tha   cre, chre   cri, chri

ka, qua, ca   ſa, ça   ko, quo, co

bla	ble	bli	blo	blu.
cla	cle	cli	clo	clu.
fla	fle	fli	flo	flu.
gla	gle	gli	glo	glu.
pla	ple	pli	plo	plu.
fla	fle	fli	flo	flu.
tla	tle	tli	tlo	tlu.
vla	vle	vli	vlo	bu.
bra	bre	bri	bro	bru.
cra	cre	cri	cro	cru.
dra	dre	dri	dro	dru.
fra	fre	fri	fro	fru.
gra	gre	gri	gro	gru.
pra	pre	pri	pro	pru.
tra	tre	tri	tro	tru.
vra	vre	vri	vro	vru.
chla	chle	chli	chlo	chlu.
chra	chre	chri	chro	chru.
pha	phe	phi	pho	phu.
phla	phle	phli	phlo	phlu.
phra	phre	phri	phro	phru.
tha	the	thi	tho	thu.
thra	thre	thri	thro	tru.
tia	tie	tii	tio	tiu.
ça			ço	çu.

L'O - rai - ſon | de | No - tre | Sei - gneur | Jé - sus | Chriſt. |

No-TRE | Pe-re | qui | ê-tes | aux | Ci-eux, | que | vo-tre | nom | ſoit | ſanc-ti-fi-é : | que | vo-tre | re-gne | ar-ri-ve : | que | vo-tre | vo-lon-té | ſoit | fai - te | ſur | la | ter-re | com-me | dans | le | Ci-el : | don-nez-nous | au - jour-d'hui | no - tre | pain | quo-ti-di- en : | & | nous | par-don - nez | nos | of-fen -ſes , | com - me | nous | par-don - nons | à | ceux | qui | nous | ont | of-fen-ſés , | & | ne | nous | laiſ-ſez | pas | ſuc-com-ber | à | la | ten-ta-ti-on ; | mais | dé-li-vrez | nous | du | mal. | Ain-ſi | ſoit-îl. |

La | Sa - lu - ta - ti-on | An-gé-li-que. |

JE | vous | ſa-lue , | Ma-rie | plei-ne | de | gra-ces, | le | Sei-gneur | eſt | a-vec | vous ; | vous | ê-tes | bé-nie | en-tre | tou-tes | les |

femmes, & Jésus, le fruit de vos entrailles, est béni. Sainte Marie, Mere
de Dieu, priez pour nous, pauvres
pécheurs, maintenant & à l'heure
de notre mort. Ainsi soit-il.

Le Symbole des Apôtres.

JE crois en Dieu le Pere Tout-
Puissant, le Créateur du Ciel & de la
terre ; & en Jésus-Christ son Fils
unique, notre Seigneur ; qui a été
conçu du Saint-Esprit, est né de la
Vierge Marie ; a souffert sous Ponce
Pilate ; a été crucifié, est mort, a
été enseveli : est descendu aux
Enfers ; est ressuscité d'entre les
morts le troisieme jour, est monté
aux Cieux ; est assis à la droite de
Dieu le Pere Tout-Puissant ; d'où il
viendra juger les vivans & les morts.

fem-mes, | & | Jé-fus, | le | fruit | de | vos |
en-trail-les, | eft | bé-ni. | Sain-te | Ma-rie, |
Me-re | de | Di-eu, | pri-ez | pour | nous, |
pau-vres | pé-cheurs, | main-te-nant | & |
à | l'heu-re | de | no-tre | mort. | Ain-fi |
foit-il. |

Le | *Sym-bo-le* | *des* | *A-pô-tres.*

JE | crois | en | Di-eu | le | Pe-re | tout-
puif-fant, | le | Cré-a-teur | du | Ci-el | & |
de | la | ter-re ; | & | en | Jé-fus | Chrift |
fon | Fils | u-ni-que, | no-tre | Sei-gneur, |
qui | a | é-té | con-çu | du | Saint | Ef-prit ; |
eft | né | de | la | Vi-er-ge | Ma-rie ; |
a | fouf-fert | fous | Pon-ce | Pi-la-te, |
a | é-té | cru-ci-fi-é, | eft | mort | & |
a | é-té | en-fe-ve-li ; | eft | def-cen-du |
aux | en-fers ; | eft | ref-fuf-ci-té | d'en-tre |
les | morts | le | troi-fi-e-me | jour ; | eft |
mon-té | aux | Ci-eux ; | eft | af-fis | à |
la | droi-te | de | Di-eu | le | Pe-re | tout-
puif-fant, | d'où | il vi-en-dra | ju-ger |
les | vi-vans | & | les | morts. |

Je crois au Saint-Esprit, la sainte Eglise Catholique, la Communion des Saints, la rémiſſion des péchés, la réſurrection de la chair, & la vie éternelle. Ainſi ſoit-il.

JE confeſſe à Dieu tout-puiſſant, à la bienheureuſe Marie toujours Vierge, à ſaint Michel Archange, à ſaint Jean-Baptiſte, aux Apôtres ſaint Pierre & ſaint Paul, à tous les Saints, que j'ai beaucoup péché, par penſées, par paroles & par actions : c'eſt ma faute, c'eſt ma faute, c'eſt ma très-grande faute. C'eſt pourquoi je ſupplie la bienheureuſe Marie toujours Vierge, ſaint Michel Archange, ſaint Jean-Baptiſte, les Apôtres ſaint Pierre & ſaint Paul,

Je | crois | au | Saint | Eſ-prit, | la |
ſain-te | E-gli-ſe | Ca-tho-li-que, | la |
Com-mu-ni-on | des | Saints, | la | ré-miſ-
ſi-on - des | pé-chés, | la | ré-ſur-rec-ti-on |
de | la chair, | & | la vie | é - ter - nel - le. |
Ain-ſi | ſoit - il.

JE | con - feſ - ſe | à | Di - eu | tout - puiſ-
ſant, | à | la | bi-en-heu-reu-ſe | Ma—rie |
tou-jours | Vi-er-ge, | à | Saint | Mi-chel |
Ar-chan-ge, | à | ſaint | Jean | Bap-tiſ-te, |
aux | A - pô - tres | ſaint | Pi - er - re | & |
ſaint | Paul, | à | tous | les | Saints, |
que | j'ai | beau-coup | pé-ché, | par | pen-
ſées, | par | pa-ro-les | & | par | ac-ti-ons : |
c'eſt | ma | fau-te, | c'eſt | ma | fau-te, | c'eſt |
ma | très | gran-de | fau-te. | C'eſt | pour-
quoi | je | ſup-plie | la | bi-en-heu-reu-ſe |
Ma - rie | tou - jours | Vi-er-ge, | ſaint |
Mi-chel | Ar-chan-ge, | ſaint | Jean | Bap-
tiſ-te, | les | A-pô-tres | ſaint | Pi-erre |
& | ſaint | Paul, | tous | les | ſaints, |

tous les Saints, de prier pour moi
le Seigneur notre Dieu. Ainſi ſoit-il.

QUE Dieu tout-puiſſant nous
faſſe miſéricorde, qu'il nous par-
donne nos péchés, & nous conduiſe
à la vie éternelle. Ainſi ſoit-il.

QUE le Seigneur tout-puiſſant
& miſéricordieux nous accorde le
pardon, l'abſolution & la rémiſſion
de tous nos péchés. Ainſi ſoit-il.

La Bénédiction de la Table.

BÉNISSEZ-NOUS, Seigneur, &
que la droite de Jéſus-Chriſt nous
béniſſe avec toutes les choſes que
nous allons prendre pour notre
nourriture. Au nom du Pere, & du

de | pri-er | pour | moi | le | Sei-gneur | no-tre | Di-eu. | Ain-fi | foit-il. |

QUE | Di-eu | tout | puif-fant | nous | faf-fe | mi-fé-ri-cor-de, | qu'il | nous | con-dui-fe | à | la | vie | é-ter-nel-le. | Ain-fi | foit-il. |

QUE | le | Sei-gneur | tout | puif-fant | & | mi-fé-ri-cor-di-eux | nous | ac-cor-de | le | par-don, | l'ab-fo-lu-ti-on | & | la | ré-mif-fi-on | de | tous | nos | pé-chés. | Ain-fi | foit-il. |

La | Bé-né-dic-ti-on | de | la | Ta-ble. |

BÉ-NIS-SEZ | nous, | Sei-gneur, | & | que | la | droi-te | de | Jé-fus | Chrift | nous | bé-nif-fe | a-vec | tou-tes | les | cho-fes | que | nous | al-lons | pren-dre | pour | no-tre | nour-ri-tu-re. | Au | nom |

Fils, & du Saint-Esprit. Ainsi soit-il.

Actions de graces après le repas.

O Roi, ô Dieu tout-puissant, nous vous rendons graces pour tous vos bienfaits, vous qui vivez & regnez dans tous les siecles des siecles. Ainsi soit-il.

Les dix Commandemèns de Dieu.

1. UN seul Dieu tu adoreras,
   Et aimeras parfaitement.
2. Dieu en vain tu ne jureras,
   Ni autre chose pareillement.
3. Les Dimanches tu garderas,
   En servant Dieu dévotement,
4. Tes pere & mere honoreras,
   Afin que tu vives longuement.
5. Homicide point ne seras,
   De fait, ni volontairement.

du | Pe – re | & | du | Fils, | & | du |
Saint | Eſ-prit. | Ain-ſi | ſoit-il. |

Ac-ti-ons | *de* | *gra-ces* | *a-près* | *le* | *re-pas.* |

O | Roi, | ô | Di-eu | tout-puiſ-ſant , |
nous | vous | ren-dons | gra-ces | pour |
tous | vos | bien – faits , | vous | qui | vi-
vez | & | ré-gnez | dans | tous | les | ſi-è-
cles | des | ſi-è-cles. | Ain-ſi | ſoit-il. |

Les | *dix* | *Com-man-de-mens* | *de* | *Di-eu.* |

1. UN | ſeul | Di-eu | tu | a-do-re-ras, |
    Et | ai-me–ras | par-fai-te-ment. |
2. Di-eu | en | vain | tu | ne | ju-re-ras, |
    Ni | au-tre | cho-ſe | pa-reil-le-ment. |
3. Les | Di-man – ches | tu | gar-de-ras, |
    En | ſer-vant | Di-eu | dé-vo-te-ment. |
4. Tes | pe-re | & | me-re | ho-no-re-ras, |
    A-fin | que | tu | vi-ves | lon-gue-ment. |
5. Ho – mi – ci-de | point | ne | ſe-ras, |
    De | fait, | ni | vo-lon – tai-re – ment.

6. Luxurieux point ne feras,
    De corps, ni de confentement.

7. Le bien d'autrui tu ne prendras,
    Ni retiendras à ton efcient.

8. Faux témoignage ne diras,
    Ni mentiras aucunement.

9. L'œuvre de chair ne defireras,
    Qu'en mariage feulement.

10. Biens d'autrui ne convoiteras
    Pour les avoir injuftement.

Les fix Commandemens de l'Eglife.

1. LES Fêtes tu fanctifieras,
    Qui te font de commandement.

2. Les Dimanches la Meffe ouiras,
    Et les Fêtes pareillement.

3. Tous tes péchés confefferas,
    A tout le moins une fois l'an.

4. Ton Créateur tu recevras,

6. Lu-xu-ri-eux | point | ne | fe-ras, |
De | corps | ni | de | con-fen-te-ment. |

7. Le | bi-en | d'au-trui | tu | ne | pren-dras, |
Ni | re-ti-en-dras | à | ton | ef-ci-ent. |

8. Faux | té-moi-gna-ge | ne | di-ras , |
Ni | men-ti-ras | au-cu-ne-ment. |

9. L'œu-vre | de | chair | ne | de-fi-re-ras, |
Qu'en | ma-ri-a-ge | feu-le-ment. |

10. Bi-ens | d'au-trui | ne | con-voi-te-ras, |
Pour | les | a-voir | in-juf-te-ment. |

Les | six | Com-man-de-mens | de | l'E-gli-fe. |

1. **L**ES | Fê-tes | tu | fanc-ti-fie-ras , |
Qui | te | font | de | com-man-de-ment. |

2. Les | Di-man-ches | la | Mef-fe | oui-ras, |
Et | les | Fê-tes | pa-reil-le-ment. |

3. Tous | tes | pé-chés | con-fef-fe-ras |
A | tout | le | moins | u-ne | fois | l'an. |

4. Ton | Cré-a-teur | tu | re-ce-vras , |

Au moins à Pâques humblement.

5. Quatre-Temps, Vigiles, jeûneras,
   Et le Carême entierement.

6. Vendredi chair ne mangeras,
   Ni le samedi pareillement.

Les sept Pseaumes de la pénitence.

PSEAUME 6.

Seigneur, ne me reprenez point dans votre fureur, & ne me corrigez point dans votre colere.

Ayez pitié de moi, Seigneur, parce que je suis foible; Seigneur, guérissez-moi; car le mal qui me ronge a passé dans mes os, qui en sont tout ébranlés.

Mon ame est abattue de tristesse; mais vous, Seigneur, jusques à quand différerez-vous ma guérison?

Au|moins|à| Pâ-ques|hum-ble-ment. |

5. Qua-tre| temps,| Vi-gi-les,|jeû--ne-ras, |
Et|le|Ca-rê-me| en-ti-e-re-ment. |

6. Ven-dre-di| chair| ne| man-ge-ras, |
Ni|le|Sa-me-di| pa-reil-le-mènt.|

Les | *fept* | *Pfeau-mes* | *de* | *la* | *Pé-ni-ten-ce.* |

PSEAU-ME | 6.

Sei-gneur, |ne| me| re-pre-nez|point |
dans | vo-tre | fu-reur, | & | ne | me |
cor-ri-gez| point|dans| vo-tre|co-le-re. |

Ay-ez | pi-tié | de | moi, | Sei-gneur, |
par-ce| que | je|fuis|foi-ble;| Sei-gneur, |
gué-rif-fez | moi; | car | le | mal | qui |
me| ron-ge, |a | paf-fé| dans| mes| os, |
qui| en| font| tout| é-bran-lés. |

Mon | a-me | eft | a-bat-tue | de
trif-tef-fe; | mais| vous, | Sei-gneur, |juf-
ques | à | quand | dif-fé-re-rez| vous | ma|
gué-ri-fon. |

B 3

Tournez vos yeux fur moi, Seigneur, & fauvez mon ame de tous dangers ; délivrez-moi par votre grande bonté & miféricorde.

Car on ne fe fouvient point de vous parmi les morts ; qui fera capable de célébrer vos louanges dans les Enfers ?

Je me fuis tourmenté jufques à ce point dans mes gémiffemens, que toutes les nuits mon lit eft baigné, & même il eft percé de mes larmes.

Les douleurs m'ont fait pleurer fi amerement, que j'en perds les yeux : je fuis vieilli par le chagrin de voir mes ennemis fe rire de mon tourment.

Mais retirez-vous de moi, vous qui perfiftez toujours dans votre

Tour-nez | vos | y-eux | fur | moi, | Sei-
gneur, | & | fau-vez | mon | a-me | de | tous
dan-gers; | dé-li-vrez | moi | par | vo-tre |
gran-de | bon-té | & | mi-fé-ri-cor-de. |

Car | on | ne | fe | fou-vi-ent | point |
de | vous | par-mi | les | morts; | & | qui |
fe-ra | ca-pa-ble | de | cé-lé-brer | vos |
lou-an-ges | dans | les | en-fers ? |

Je | me | fuis | tour-men-té | juf-ques | à |
ce | point | dans | mes | gé-mif-fe-mens, |
que | tou-tes | les | nu-its | mon | lit | eft |
bai-gné | & | mê-me | il | eft | per-cé |
de | mes | lar-mes. |

Les | dou-leurs | m'ont | fait | pleu-rer |
fi | a-mè-re-ment, | que | j'en | perds |
les | y-eux : | je | fuis | vi-eil-li | par | le |
cha-grin | de | voir | mes | en-ne-mis |
fe | ri-re | de | mon | tour-ment. |

Mais | re-ti-rez | vous | de | moi, |
vous | qui | per-fif-tez | tou-jours | dans |

méchanceté : car Dieu a écouté favorablement la voix de mes pleurs.

Le Seigneur a exaucé ma priere,
le Seigneur a reçu mon oraifon.

Que tous mes ennemis en rou-
giffent de honte, & foient faifis
d'une agitation violente; qu'ils s'en
retournent couverts de confufion &
de honte.

Gloire foit au Pere, &c.

PSEAUME 31

HEUREUX font ceux dont les
iniquités font effacées, & dont les
péchés font pardonnés.

Heureux eft l'homme à qui Dieu
n'impute point le péché qu'il a commis & dont l'efprit eft exempt de
diffimulation.

Parce que je ne vous ai point

vo-tre | mé-chan-ce-té : | car | Di-eu | a | é-cou-té | fa-vo-ra-ble-ment | la | voix | de | mes | pleurs. |

Le | Sei-gneur | a | e-xau-cé | ma | pri-e-re, | le | Sei-gneur | a | re-çu | mon | o-rai-fon. |

Que | tous | mes | en-ne-mis | en | rou-gif-fent | de | hon-te, | & | foient | fai-fis | d'u-ne | a-gi-ta-ti-on | vi-o-len-te; | qu'ils | s'en | re-tour-nent | cou-verts | de | con-fu-fi-on | & | de | hon-te. |

Gloi-re | foit | au | Pe-re, | &c.

PSEAU-ME | 31.

HEU-REUX | font | ceux | dont | les | i-ni-qui-tés | font | ef-fa-cées, | & | dont | les | pé-chés | font | par-don-nés. |

Heu-reux | eft | l'hom-me | à | qui | Di-eu | n'im-pu-te | point | le | pé-ché | qu'il | a | com-mis, | & | dont | l'ef-prit | eft | e-xempt | de | dif-fi-mu-la-ti-on. |

Par-ce | que | je | ne | vous | ai | point |

avoué ma faute, mes os ont été affoiblis, à force de pouſſer des cris
la nuit & le jour.

Votre main s'eſt appeſantie ſur
moi tant que le jour & la nuit ont
duré : je me ſuis tourné vers vous
dans mon affliction, qui étoit pour
moi une épine qui me cauſoit les
plus cuiſantes douleurs.

C'eſt pourquoi je vous ai déclaré
mon péché, & je ne vous ai point
caché mon injuſtice.

J'ai dit : il faut que je confeſſe contre moi-même mon injuſtice au Seigneur, & vous m'avez remis l'im-
piété de mon crime.

C'eſt ce qui portera tout homme
ſaint à vous adreſſer ſes prieres dans
le tems propre à trouver miſéricorde.

a - vou - é | ma | fau-te, | mes | os | ont |
é-té | af-foi-blis, | à | for-ce | de | pouſ-ſer |
des | cris | la | nuit | & | le | jour. |

Vo-tre | main | s'eſt | ap-pe-ſan-tie |
ſur | moi | tant | que | le | jour | & | la |
nuit | ont | du-ré; | je | me | ſuis | tour-né |
vers | vous | dans | mon | af-flic-ti-on, | qui |
é - toit | pour | moi | u-ne | é-pi-ne | qui |
me | cau-ſoit | les | plus | cui-ſan-tes | dou-
leurs. |

C'eſt | pour-quoi | je | vous | ai | dé-cla-
ré | mon | pé-ché, | & | je | ne | vous | ai |
point | ca-ché | mon | in-juſ-ti-ce. |

J'ai | dit : | il | faut | que | je | con-feſ-ſe |
con-tre | moi-mê-me | mon | in-juſ-ti-ce |
au | Sei-gneur, | & | vous | m'a-vez | re-
mis | l'im-pi-é-té | de | mon | cri-me. |

C'eſt | ce | qui | por-te-ra | tout | hom-
me | ſaint | à | vous | a - dreſ - ſer | ſes |
pri-e-res | dans | le | temps | pro-pre | à |
trou-ver | mi-ſé-ri-cor-de. |

B 6

Et quand même un déluge d'eaux inonderoit toute la terre, elles n'approcheront point de lui.

Vous êtes mon asyle contre toutes les adversités qui m'environnent : ô Dieu, qui êtes ma joie, délivrez-moi des ennemis dont je suis assiégé.

Je vous donnerai l'intelligence, me dites-vous ; je vous enseignerai le chemin que vous devez tenir, j'arrêterai mes regards sur vous.

Ne devenez point semblable au cheval & au mulet, animaux sans intelligence.

Retenez avec le mors & la bride ceux qui, indociles, ne veulent point s'approcher de vous.

Plusieurs afflictions se répandront sur le pécheur : mais la miséricorde

Et | quand | mê-me | un | dé-lu-ge | d'eaux | i-non-de-roit | tou-te | la | ter-re , | el-les | n'ap-pro-che-ront | point | de | lui. |

Vous | ê-tes | mon | a-fy-le | con-tre | tou-tes | les | ad-ver-fi-tés | qui | m'en-vi-ron-nent : | ô | Di-eu , | qui ê-tes | ma | joie , | dé-li-vrez | moi | des | en-ne-mis | dont | je | fuis | af-fi-é-gé. |

Je | vous | don-ne-rai | l'in-tel-li-gen-ce, | me | di-tes | vous; | je | vous | en-fei-gne-rai | le | che-min | que | vous | de-vez | te-nir , | j'ar-rê-te-rai | mes | re-gards | fur | vous. |

Ne | de-ve-nez | point | fem-bla-ble | au | che-val | & | au | mu-let, | a-ni-maux | fans | in-tel-li-gen-ce. |

Re-te-nez | a-vec | le | mors | & | la | bri-de | ceux | qui, | in-do-ci-les, | ne | veu-lent | point | s'ap-pro-cher | de | vous.

Plu-fi-eurs | af-flic-ti-ons | fe | ré-pan-dront | fur | le | pé-cheur : | mais | la | mi-

environnera celui qui met son espérance dans le Seigneur.

Justes, réjouissez-vous donc dans
le Seigneur , & tressaillez d'allé-
gresse, publiez sa gloire , vous tous
qui avez le cœur droit.

Gloire soit au Pere , &c.

PSEAUME 37.

SEIGNEUR, ne me reprenez point
dans votre fureur, & ne me corrigez point dans votre colere.

Car j'ai déjà senti les profondes
blessures que vos fleches ont faites
en moi ; & vous avez appesanti
votre main sur moi.

Ma chair toute couverte d'ul-
ceres, éprouve les effets de votre
colere; & à la vue de mes péchés ,
mes os ne reçoivent aucun repos.

fé-ri-cor-de | en-vi-ron-ne-ra | ce-lui | qui | met | fon | ef-pé-ran-ce | dans | le | Sei-gneur. |

Juf-tes, | ré-jouif-fez | vous | donc | dans | le | Sei-gneur, | & | tref-fail-lez | d'al-lé-gref-fe; | pu-bli-ez | fa | gloi-re, | vous | tous | qui | a-vez | le | cœur | droit. |

Gloi-re | foit | au | Pe-re, | &c. |

PSEAU-ME | 37.

SEI-GNEUR, | ne | me | re-pre-nez | point | dans | vo-tre | fu-reur, | & | ne | me | cor-ri-gez | point | dans | vo-tre | co-le-re. |

Car | j'ai | dé-jà | fen-ti | les | pro-fon-des | blef-fu-res | que | vos | fle-ches | ont | fai-tes | en | moi, & | vous | a-vez | ap-pe-fan-ti | vo-tre | main | fur | moi. |

Ma | chair | tou-te | cou-ver-te | d'ul-ce-res, | é-prou-ve | les ef-fets | de vo-tre | co-le-re; | & | à | la | vue | de | mes | pé-chés, | mes | os | ne | re-çoi-vent | au-cun | re-pos.

Car mes iniquités, semblables à des flots, se sont élevées par-dessus ma tête ; & la pesanteur de leur fardeau m'accable sous leur faix.

La pourriture & la corruption se sont introduites dans mes cicatrices, effet de mon égarement & de ma folie.

Je suis devenu, sous le poids de ma misere, courbé & abattu, je marche tout le jour avec un visage triste & défiguré.

Je sens mes reins pleins d'une ardeur excessive qui me brûle, & je n'ai plus aucune partie saine dans mon corps.

Je suis affligé & tombé dans la derniere humiliation, & mon cœur pousse des sanglots & des gémissemens.

Car | mes | i-ni-qui-tés, | sem-bla-bles | à | des | flots, | se | sont | é-le-vées | par-def-sus | ma | tê-te; | & | la | pe-san-teur | de | leur | far-deau | m'ac-ca-ble | sous | leur | faix. |

La | pour-ri-tu-re | & | la | cor-rup-ti-on | se | sont | in-tro-dui-tes | dans | mes | ci-ca-tri-ces, | ef-fet | de | mon | é-ga-re-ment | & | de | ma | fo-lie. |

Je | suis | de-ve-nu, | sous | le | poids | de | ma | mi-se-re, | cour-bé | & | a-bat-tu, | je | mar-che | tout | le | jour | a-vec | un | vi-sa-ge | trif-te | & | dé-fi-gu-ré. |

Je | sens | mes | reins | pleins | d'u-ne | ar-deur | ex-cef-fi-ve | qui | me | brû-le, | & | je | n'ai | plus | au-cu-ne | par-tie | sai-ne | dans | mon | corps. |

Je | suis | af-fli-gé | & | tom-bé | dans | la | der-ni-e-re | hu-mi-li-a-ti-on, | & | mon | cœur | pouf-fe | des | san-glots | & | des | gé-mif-fe-mens. |

Seigneur, vous voyez où tendent toutes mes intentions, & mes gémis-semens ne vous sont point cachés.

Mon cœur est rempli de troubles, toute ma force m'a abandonné, & même la lumiere de mes yeux est éteinte.

A la vue de mon état pitoyable, mes amis & mes proches se sont éloignés de moi, & se sont déclarés contre moi.

Ceux qui m'étoient le plus atta-chés se sont retirés, & ceux qui cherchent à m'ôter la vie, emploient des moyens violens.

Ceux qui méditent ma ruine, épient les occasions de me nuire; ils tiennent des discours de moi, pleins de vanité & de mensonge;

Sei-gneur, | vous | voy-ez | où | ten-dent | tou-tes | mes | in-ten-ti-ons, | & | mes | gé-mif-fe-mens | ne | vous | font | point | ca-chés. |

Mon | cœur | eft | rem-pli | de | trou-bles, | tou-te | ma | for-ce | m'a | a-ban-don-né, | & | mê-me | la | lu-mi-e-re | de | mes | y-eux | eft | é-tein-te. |

A | la | vue | de | mon | é-tat | pi-toy-a-ble, | mes | a-mis | & | mes | pro-ches | fe | font | é-loi-gnés | de | moi, | & | fe | font | dé-cla-rés | con-tre | moi. |

Ceux | qui | m'é-toient | le | plus | at-ta-chés | fe | font | re-ti-rés ; | & | ceux | qui | cher-chent | à | m'ô-ter | la | vie, | em-ploi-ent | des | moy-ens | vi-o-lens. |

Ceux | qui | mé-di-tent | ma | ru-i-ne, | é-pi-ent | les | oc-ca-fi-ons | de | me | nu-i-re ; | ils | ti-en-nent | des | dif-cours | de | moi, | pleins | de | va-ni-té | & | de | men-fon-ge ; |

ils concertent tout le jour des artifices pour me perdre.

Mais je suis comme un sourd, je ne les écoute point ; & comme un muet qui n'ouvre point la bouche.

Parce qu'en vous, Seigneur, j'ai mis toute mon espérance : Seigneur mon Dieu, vous exaucerez, s'il vous plaît, ma priere.

J'ai bouché mes oreielles à tous leurs reproches, & ma langue n'a point eu la peine de repousser leurs injures.

Je vous prie que mes ennemis ne se glorifient point de mes miseres, ni que dès le moment que je fais un faux pas, ils ne se dressent point contre moi pour me faire tomber.

Je suis pourtant disposé à souf-

ils | con-cer-tent | tout | le | jour | des| ar-ti-fi-ces | pour | me | per-dre. |

Mais | je | fuis | com-me | un | fourd ,| & | je | ne | les | é - cou-te | point ; | & | com-me | un | mu-et | qui | n'ou-vre | pas | la | bou-che. |

J'ai | bou-ché | mes | o-reil-les | à | tous| leurs | re-pro-ches, | & | ma | lan-gue | n'a | point | eu | la | pei-ne | de | re-pouf-fer | leurs | in-ju-res. |

Par-ce | qu'en | vous, | Sei-gneur, | j'ai| mis | tou-te | mon | ef-pé-ran-ce : | Sei-gneur| mon | Di-eu, | vous | e-xau-ce-rez , | s'il | vous | plaît, | ma | pri-e-re. |

Je | vous | prie | que | mes | en-ne-mis | ne | fe | glo-ri-fient | point | de | mes | mi-fe-res ; | ni | que | dès | le | mo-ment | que | je | fais | un | faux | pas, | ils | ne | fe | dref-fent | point | con-tre | moi | pour | me | fai-re | tom-ber. |

Je | fuis | pour-tant | dif-po-fé | à | fouffrir toujours la perfécution ; & la douleur que j'ai méritée, fe préfente continuellement à mes yeux.

Car j'avoue que j'ai commis de grandes iniquités, & je ne propofe à ma penfée jour & nuit, que l'objet de mon crime.

Cependant mes ennemis vivent contens, ils fe fortifient contre moi, & leur nombre augmente tous les jours.

Ceux qui rendent le mal pour le bien, m'ont été contraires ; parceque j'aime la paix & la douceur.

Seigneur, ne m'abandonnez point dans ces périls : mon Dieu, ne vous éloignez point de moi.

Venez promptement à mon fecours, mon Seigneur & mon Dieu,

frir | tou-jours | la | per-sé-cu-ti-on ; | & |
la | dou-leur | que | j'ai | mé-ri-tée, | se |
pré-sen-te | con-ti-nu-el-le-ment | à | mes |
y-eux. |

Car | j'a-voue | que | j'ai com-mis | de |
gran-des | i-ni-qui-tés, | & | je | ne | pro-po-
se| à | ma | pen-sée | jour | & | nu-it, | que |
l'ob-jet | de | mon | cri-me. |

Ce-pen-dant | mes | en-ne-mis | vi-vent |
con-tens, | ils | se | for-ti-fient | con-tre |
moi, | & | leur | nom-bre | aug-men-te |
tous | les | jours. |

Ceux | qui | ren-dent | le | mal | pour |
le | bi-en, | m'ont | é-té | con-trai-res ; |
par-ce | que | j'ai-me | la | paix | & | la |
dou-ceur. |

Sei-gneur, | ne | m'a-ban-don-nez | point |
dans | ces | pé-rils : | mon | Di-eu, | ne | vous |
é-loi-gnez | point | de | moi. |

Ve-nez | promp-te-ment | à | mon | se-
cours, | mon | Sei-gneur | & | mon | Di-eu, |

puisque vous êtes mon salut.

Gloire soit au Pere, &c.

PSEAUME 50.

MON Dieu, ayez pitié de moi, selon votre grande miséricorde.

Et selon la multitude de vos bontés, effacez mon iniquité.

Versez abondamment sur moi de quoi me laver de mes fautes ; nettoyez-moi de mon péché.

Je reconnois mes offenses, & mon crime est toujours contre moi.

Contre vous seul j'ai péché ; & j'ai commis devant vos yeux tout le mal dont je me sens coupable : soyez reconnu véritable en vos promesses, & demeurez victorieux quand vous prononcerez vos jugemens.

puis-

puiſ-que | vous | ê-tes | mon | ſa-lut. |
Gloi-re | ſoit | au | Pe-re, | &c. |

PSEAU-ME 50.

M o n | Di-eu, | a-yez | pi-ti-é | de | moi, | ſe-lon | vo-tre | gran-de | mi-ſé-ri-cor - de. |

Et | ſe-lon | la | mul-ti-tu-de | de | vos | bon-tés, | ef-fa-cez | mon | i-ni-quité. |

Ver- ſez | abon-damment | ſur | moi | de | quoi | me | la-ver | de | mes | fau-tes ; | net-to-yez | moi | de | mon | pé-ché. |

Je | con-nois | mes | of-fen-ſes | & | mon | cri-me | eſt | tou-jours | con-tre | moi. |

Con-tre | vous | ſeul | j'ai pé-ché, | & | j'ai | com-mis | de-vant | vos | y-eux | tout | le | mal | dont | je | me | ſens | cou-pa-ble : | ſo-yez | re-con-nu | vé-ri-ta-ble | en | vos | pro-meſ-ſes, | & | de-meu-rez | vic-to-ri-eux | quand | vous | pro-non-ce-rez | vos | ju-ge mens. |

C

J'ai été souillé de vices dès l'inftant de ma formation, & ma mere m'a conçu dans le péché.

Mais pourtant comme vous avez toujours aimé la vérité, auffi vous a-t-il plu de me révéler les myfteres fecrets de votre divine fageffe.

Arrofez-moi d'hyffope, & je ferai nettoyé; lavez-moi, & je deviendrai plus blanc que la neige.

Faites moi entendre la voix intérieure de votre Saint Efprit, qui me comblera de joie; & elle ira jufque dans mes os affoiblis par le travail.

Détournez vos yeux de mes péchés, & effacez les taches de mes iniquités.

Mon Dieu, mettez un cœur net

J'ai | é-té | fouil-lé | de | vi-ces | dès | l'inf-
tant | de | ma | for-ma-ti-on, | & | ma | me-re |
m'a | con-çu | dans | le | péché. |

Mais | pour-tant | com-me | vous | a-vez |
tou - jours | ai-mé | la | vé-ri-té, | auf-fi |
vous | a-t-il | plu | de | me | ré-vé-ler | les |
myf-te-res | les | plus | fe-crets | de | vo-tre |
fa-gef-fe. |

Ar - ro - fez | moi | d'hyf - fo - pe , | & |
je | fe - rai | net - to-yé ; | la-vez | moi, |
& | je | de-vi-en-drai | plus | blanc | que |
la | nei - ge. |

Fai-tes | moi | en-ten-dre | la | voix |
in-té-ri-eu-re | de | vo-tre | Saint | Ef-
prit, | qui | me | com-ble-ra | de | joie ; |
& | el-le | i-ra | juf-que | dans | mes | os |
af - foi - blis | par | le | tra - vail. |

Dé -tour-nez | vos | y-eux | de | mes |
pé-chés, | & | ef-fa-cez | les | ta-ches | de |
mes | i-ni-qui-tés. |

Mon | Di-eu, | met-tez | un | cœur |

dans mon sein, renouvellez dans mes entrailles l'esprit d'innocence.

Ne me condamnez point à demeurer éloigné de votre présence, ne retirez point de moi votre Saint-Esprit.

Rendez à mon ame la joie qu'elle recevra, dès que vous serez son salut ; & assurez si bien mes forces par votre esprit, que je ne tremble plus.

J'enseignerai vos voies aux méchans, & les impies convertis imploreront votre miséricorde.

O mon Dieu, le Dieu de mon salut, purgez-moi du crime d'homicide, & ma langue s'estimera heureuse de raconter les miracles de votre justice.

net | dans ⌈ mon | sein, | re-nou-vel-lez |
dans | mes | en-trail-les | l'ef-prit | d'in-no-
cen-ce. |

Ne | me | con-dam-nez | point | à |
de-meu-rer | é-loi-gné | de | vo-tre | pré-
fen-ce, | ne | re-ti-rez | pas | de | moi |
vo-tre | Saint | Ef-prit. |

Ren-dez | à | mon | a-me | la | joie |
qu'el-le | re-ce-vra, | dès | que | vous | fe-
rez | fon | fa-lut, | & | af-fu-rez | fi | bi-en
mes | for-ces | par | vo-tre | ef-prit, | que |
je | ne | trem-ble | plus. |

J'en-fei-gne-rai | vos | voies | aux | mé-
chans, | & | les | im-pies | con-ver-tis |
im-plo-re-ront | vo-tre | mi-fé-ri-cor-de. |

O | mon | Di-eu, | le | Di-eu | de |
mon | fa-lut, | pur-gez | moi | du | cri-
me | d'ho-mi-ci-de, | & | ma | lan-gue |
s'ef-ti-me-ra | heu-reu-fe | de | ra-con-ter |
les | mi-ra-cles | de | vo-tre | juf-ti-ce. |

Seigneur, ouvrez, s'il vous plaît, mes levres, & ma bouche aussi-tôt annoncera vos louanges.

Car si vous eussiez voulu des sacrifices, j'eusse tenu à honneur d'en charger vos Autels; mais je sais bien que les holocaustes ne peuvent appaiser votre courroux.

Un esprit affligé du regret de ses péchés, est le sacrifice agréable à Dieu: mon Dieu, vous ne mépriserez point un cœur contrit & humilié.

Seigneur, favorisez la ville de Sion, suivant votre bonté accoutumée, & permettez que les murailles de Jérusalem soient relevées.

Alors vous agréerez les sacrifices de justice, vous accepterez nos

Sei-gneur, | ou - vrez, | s'il | vous | plaît, | mes | le-vres, | & | ma | bou-che | auſ-ſi-tôt | an-non-ce-ra | vos | lou-an-ges. |

Car | ſi | vous | euſ-ſi-ez | vou-lu | des | ſa-cri-fi-ces, | j'euſ-ſe | te-nu | à | hon-neur | d'en | char-ger | vos | Au-tels ; | mais | je | ſais | bi-en | que | les | ho-lo-cauſ-tes | ne | peu-vent | ap-pai-ſer | vo-tre | cour-roux. |

Un | eſ-prit | af-fli-gé | du | re-gret | de | ſes | pé-chés, | eſt | le | ſa-cri-fi-ce | agré-a-ble | à | Di-eu : | mon | Di-eu, | vous | ne | mé-pri-ſe-rez | point | un | cœur | con-trit | & | hu-mi-li-é. |

Sei-gneur, | fa-vo-ri-ſez | la | vil-le | de | Si-on, | ſui-vant | vo-tre | bon-té | ac-cou-tu-mée, | & | per-met-tez | que | les | mu-rail-les | de | Jé-ru-ſa-lem | ſoient | re-le-vées. |

A-lors | vous | a-gré-e-rez | les | ſa-cri-fi-ces | de | juſ-ti-ce, | vous | ac-cep-te-rez |

oblations & nos holocauftes, & l'on offrira des veaux fur vos Autels.

Gloire foit au Pere , &c.

PSEAUME 101.

SEIGNEUR, exaucez ma priere, & permettez que mon cri aille jufqu'à vous.

Ne détournez point votre vifage de deffus ma mifere ; mais prêtez l'oreille à ma voix, quand je fuis en affliction.

En quelque tems que je vous invoque, exaucez-moi promptement.

Parce que mes jours s'écoulent comme la fumée, & mes os fe confument comme un tifon dans le feu.

Mon cœur outré de trifteffe, me fait reffembler à cette herbe coupée

nos | o‑bla‑ti–ons | & | nos | ho‑lo‑c auf‑
tes, | & | l'on | of‑fri‑ra | des | veaux | fur |
vos | Au‑tels. |

Gloi‑re | foit | au | Pe‑re, | &c. |

PSEAU‑ME | 101.

SEI‑GNEUR, | e‑xau‑cez | ma | pri‑e‑re, |
& | per‑met‑tez | que | mon | cri | ail‑le |
juf‑qu'à | vous. |

Ne | dé‑tour‑nez | point | vo‑tre | vi‑
fa‑ge | de | def‑fus | ma | mi‑fe‑re ; | mais |
prê‑tez | l'o‑reil‑le | à | ma | voix, | quand |
je | fuis | en | af‑flic‑ti‑on. |

En | quel‑que | tems | que | je | vous |
in‑vo‑que, | e‑xau‑cez | moi | promp‑te‑
ment. |

Par‑ce | que | mes | jours | s'é‑cou‑lent |
com‑me | la | fu‑mée, | & | mes | os | fe |
con‑fu‑ment | com‑me | un | ti‑fon | dans |
le | feu. |

Mon | cœur | ou‑tré | de | trif‑tef‑fe, |
me | fait | ref‑fem‑bler | à | cet‑te | her‑be |

qui est sans vigueur, & mon ame est si affligée, que j'ai oublié de manger mon pain.

A force de me plaindre & de soupirer, mes os tiennent à ma peau.

Je ressemble au pélican dans le désert, ou à la chouette ennemie de la lumiere, qui se tient dans les trous d'une maison.

Je ne repose pas toutes les nuits, je demeure solitaire comme le passereau dans son nid.

Mes ennemis me font des reproches tout le long du jour, & ceux qui m'ont donné des louanges, se sont efforcés de me déshonorer.

Voyant que je mangeois de la cendre au lieu de pain, & que je

cou-pée | qui | eſt | ſans | vi-gueur, | & | mon | a-me | eſt | ſi | af-fli-gée, | que | j'ai | ou-bli-é | de | man-ger | mon | pain. |

A | for-ce | de | me | plain-dre | & | de | ſou-pi-rer, | mes | os | ti-en-nent | à | ma | peau. |

Je | reſ-ſem-ble | au | pé-li-can | dans | le | dé-ſert, | ou | à | la | chou-et-te | en-ne-mie | de | la | lu-mi-e-re, | qui | ſe | ti-ent | dans | les | trous | d'u-ne | mai-ſon. |

Je | ne | re-po-ſe | point | tou-tes | les | nu-its, | je | de-meu-re | ſo-li-tai- | re | com-me | le | paſ-ſe-reau | dans | ſon | nid. |

Mes | en-ne-mis | me | font | des | re-pro-ches | tout | le | long | du | jour, | & | ceux | qui | m'ont | don-né | des | lou-an-ges, | ſe | font | ef-for-cés | de | me | dé-ſho-no-rer. |

Vo-yant | que | je | man-geois | de | la | cen-dre | au | li-eu | de | pain, | & |

mêlois-mon breuvage avec l'eau de mes pleurs.

Devant la préfence de votre colere & de votre indignation, puifque, après m'avoir élevé, vous m'avez fi fort abattu.

Mes jours font comme l'ombre du foir qui s'obfcurcit & s'allonge : la nuit approchant, le chagrin me fait fécher comme le foin.

Mais vous, Seigneur, qui demeurez éternellement, la mémoire de votre nom fera immortelle, paffant de génération en génération.

Tournez vos regards fur Sion, quand vous reviendrez de votre fommeil ; prenez pitié de fes miferes, puifqu'il eft tems de lui pardonner.

que | je | mê-lois | mon | breu - va - ge |
a-vec | l'eau | de | mes | pleurs. |

De-vant ? la | pré-fen-ce de | vo-tre |
co-le-re | & | de | vo-tre | in-di-gna-ti-on, |
puif-que, | a-près | m'a-voir | é-le-vé, |
vous | m'a-vez | fi | fort | a-bat-tu. |

Mes | jours | font | com-me | l'om-bre |
du | foir | qui | s'obf-cur-cit | & | s'al-
lon-ge : | la | nu-it | ap-pro-chant, | le |
cha-grin | me | fait | fé-cher | com-me | le |
foin. |

Mais | vous, | Sei-gneur, | qui | de-
meu-rez | é-ter-nel-le-ment, | la | mé-moi-
re | de | vo-tre | nom | fe-ra | im-mor-tel-le, |
paf-fant | de | gé-né-ra-ti-on | en | gé-né-
ra-ti-on. |

Tour-nez | vos | re-gards | fur | Si-on, |
quand | vous | re-vi-en-drez | de | vo-tre |
fom-meil ; | pre-nez | pi-tié | de | fes |
mi-fe-res, | puif-qu'il | eft | tems | de |
lui | par-don-ner. |

Il eſt vrai que ſes prieres ſont tellement cheres à vos ſerviteurs, qu'ils ont regret de voir une ſi belle ville détruite.

Alors, Seigneur, votre nom ſera redouté par toutes les Nations, & votre gloire épouvantera tous les Rois de la terre.

Quand on ſaura que vous avez rebâti Sion, où le Seigneur paroîtra dans ſa gloire.

Il regardera favorablement la priere des humbles, & ne tiendra point leur ſupplication digne de mépris.

Toutes ces choſes ſeront conſignées dans l'hiſtoire pour l'inſtruction de la poſtérité qui en donnera des louanges au Seigneur.

Il | eſt | vrai | que | ſes | pri-e-res | ſont | tel-le-ment | che-res | à | vos | ſer-vi-teurs, | qu'ils | ont | re-gret | de | voir | u-ne | ſi | bel-le | vil-le | dé-trui-te. |

A-lors, | Sei-gneur, | vo-tre | nom | ſe-ra | re-dou-té | par | tou-tes | les | Na-ti-ons, | & | vo-tre | gloi-re | é-pou-van-te-ra | tous | les | Rois | de | la | ter-re. |

Quand | on | ſau-ra | que | vous | a-vez | re-bâ-ti | Si-on, | où | le | Sei-gneur | pa-roî-tra | dans | ſa | gloi-re. |

Il | re-gar-de-ra | fa-vo-ra-ble-ment | la | pri-e-re | des | hum-bles, | & | ne | ti-en-dra | point | leur | ſup-pli-ca-ti-on | di-gne | de | mé-pris. |

Tou-tes | ces | cho-ſes | ſe-ront | con-ſi-gnées | dans | l'hiſ-toi-re | pour | l'inſ-truc-ti-on | de | la | poſ-té-ri-té, | qui | en | don-ne-ra | des | lou-an-ges | au | Sei-gneur. |

Il regarde ici-bas du saint lieu, où son trône est élevé ; & du Ciel, où il réside, il jette ses yeux sur la terre.

Pour entendre les cris de ceux qui sont dans les fers, & pour rompre les chaînes de ceux qui sont condamnés à la mort.

Afin que le nom du Seigneur soit honoré dans Sion, & que sa louange soit chantée en Jérusalem.

Quand tous les peuples s'assembleront, & que les Royaumes s'uniront pour le servir, & pour adorer son pouvoir.

Mais je sens qu'il abat mes forces par la longueur du chemin :

Il | re-gar-de | i-ci | bas | du | faint | li-eu, | où | fon | trô-ne | eft | é-le-vé; | & | du | Ci-el | où | il | ré-fi-de, | il | jet-te | fes | yeux | fur | la | ter-re. |

Pour | en-ten-dre | les | cris | de | ceux | qui | font | dans | les | fers, | pour | rom-pre | les | chaî-nes | de | ceux | qui | font | con-dam-nés | à | la | mort. |

A-fin | que | le | nom | du | Sei-gneur | ho-no-ré | dans | Si-on, | & | que | fa | lou-an-ge | foit | chan-tée | en | Jé-ru-fa-lem. |

Quand | tous | les | peu-ples | s'af-fem-ble-ront, | & | que | les | Roy-au-mes | s'u-ni-ront | pour | le | fer-vir, | & | pour | a-do-rer | fon | pou-voir. |

Mais | je | fens | qu'il | a-bat | mes | for-ces | par | la | lon-gueur | du | che-min : |

il a diminué le nombre de mes jours.

C'eſt pourquoi je m'adreſſe à mon Dieu, & j'ai dit : Seigneur, ne m'ôtez pas du monde au milieu de ma vie, vos années ne finiront jamais.

Car c'eſt vous qui dès le commencement avez raſſuré les fondemens de la terre, & les Cieux ſont les œuvres de vos mains.

Mais ils périront, il n'y aura que vous ſeul de permanent, & toutes ces choſes vieilliront comme le vêtement.

Et vous les changerez comme un manteau, ou comme un pavillon, & vous ſerez toujours le même

il | a | di-mi-nu-é | le | nom-bre | de |
mes | jours. |

C'eſt | pour-quoi | je | m'a-dreſ-ſe | à |
mon | Di-eu, | & | j'ai | dit : | Sei-gneur, |
ne | m'ô-tez | pas | du | mon-de | au | mi-
li-eu | de | ma | vie, | vos | an-nées | ne | fi-
ni-ront | ja-mais. |

Car | c'eſt | vous | qui | dès | le | com-
men-ce-ment | a-vez | aſ-ſu-ré | les | fon-
de-mens | de | la | ter-re, | & | les | Ci-
eux | ſont | les | œu-vres | de | vos |
mains. |

Mais | ils | pé-ri-ront, | & | il | n'y |
au-ra | que | vous | ſeul | de | per-ma-nent, |
& | tou-tes | ces | cho-ſes | vi-eil-li-ront |
com-me | le | vê-te-ment. |

Et | vous | les | chan-ge-rez | com-me |
un | man-teau, | ou | com-me | un | pa-
vil-lon, | & | vous | ſe-rez | tou-jours | le |

que vous avez été, sans que vos années prennent jamais de fin.

Toutefois les enfans de vos serviteurs auront une demeure assurée, & ceux qui naîtront d'eux jouiront en votre présence d'une grande félicité.

Gloire soit au Pere, &c.

PSEAUME 129.

Seigneur, je me suis écrié vers vous du profond abyme de mes ennuis : Seigneur, écoutez ma voix.

Rendez, s'il vous plaît, vos oreilles attentives aux tristes accens de mes plaintes.

Seigneur, si vous examinez de

mê-me | que | vous | a-vez | é-té, | fans | que | vos | an-nées | pren-nent | ja-mais | de | fin. |

Tou-te-fois | les | en-fans | de | vos | fer-vi-teurs | au-ront | u-ne | de-meu-re | af-fu-rée, | & | ceux | qui | naî-tront | d'eux | jou-i-ront | en | vo-tre | pré-fen-ce | d'u-ne | gran-de | fé-li-ci-té. |

Gloi-re | foit | au | Pe-re, | &c |

PSEAU-ME | 129.

Sei-gneur, | je | me | fuis | é-cri-é | vers | vous | du | pro-fond | a-by-me | de | mes | en-nu-is : | Sei-gneur, | é-cou-tez | ma | voix. |

Ren-dez, | s'il | vous | plaît, | vos | o-reil-les | at-ten-ti-ves | aux | trif-tes | ac-cens | de | mes | plain-tes. |

Sei-gneur, | fi | vous | e-xa-mi-nez | de |

près nos offenses, qui est-ce qui pourra soutenir les effets de votre colere ?

Mais la clémence & le pardon se trouvent chez vous, ce qui est cause que vous êtes craint & révéré, & que j'attends l'effet de vos promesses.

Mon ame s'étant assurée sur votre parole, a mis toutes ses espérances en Dieu.

Ainsi depuis la garde assise dès l'aube du jour, jusqu'à la sentinelle de la nuit, Israël espere toujours au Seigneur.

Car il y a dans le Seigneur une plénitude de miséricordes & une abondance de graces pour me racheter.

près | nos | of-fen-fes , | qui | eſt-ce | qui |
pour-ra | ſou-te-nir | les | ef-fets | de | vo-tre |
co-le-re ? |

Mais | la | clé-men-ce | & | le | par-don |
ſe | trou-vent | chez | vous , | ce | qui | eſt |
cau-ſe | que | vous | ê-tes | craint | & | ré-vé-
ré , | & | que | j'at-tends | l'ef-fet | de | vos |
pro-meſ-ſes. |

Mon | a-me | s'é-tant | aſ-ſu-rée | ſur |
vo-tre | pa-ro-le , | a | mis | tou-tes | ſes |
eſ-pé-ran-ces | en | Di-eu. |

Ain-ſi | de-puis | la | gar-de | aſ-ſi-ſe | dès |
l'au-be | du | jour , | juſ-qu'à | la | ſen-ti-
nel-le | de | la | nu-it , | If-ra-ël | eſ-pe-re |
tou-jours | au | Sei-gneur. |

Car | il | y | a | dans | le | Sei-gneur |
u-ne | plé-ni-tu-de | de | mi-ſé-ri-cor-des , |
& | u-ne | a-bon-dan-ce | de | gra-ces |
pour | me | ra-che-ter. |

Et c'eſt lui-même qui rachetera ſon peuple de tous ſes péchés.

Gloire ſoit au Pere, &c.

PSEAUME 142.

Seigneur, exaucez ma priere, prêtez vos oreilles à mon oraiſon, entendez-moi ſelon la vérité de vos promeſſes, & ſelon votre juſtice.

N'entrez point en jugement avec votre ſerviteur, car aucun ne peut jamais ſe juſtifier devant vous.

L'ennemi qui m'a perſécuté ſans me donner un moment de relâche, m'a preſque réduit à expirer en mordant la pouſſiere.

Il m'a jeté dans l'horreur des té-

Et|c'eſt|

Et | c'eſt | lui | mê-me | qui | ra-che-
te-ra | ſon | peu-ple | de | tous | ſes |
pé-chés. |

Gloi-re | ſoit | au | Pe-re , | &c. |

P S E A U-M E | 142.

SEI-GNEUR , | e-xau-cez | ma | pri-e-re, |
prê-tez | vos | o-reil-les | à | mon | o-rai-
ſon , | en-ten-dez | moi | ſe-lon | la |
vé-ri-té | de | vos | pro-meſ-ſes , | & |
ſe-lon | vo-tre | juſ-ti-ce. |

N'en-trez | point | en | ju-ge-ment |
a-vec | vo-tre | ſer-vi-teur , | car | au-cun |
ne | peut | ja-mais | ſe | juſ-ti-fi-er | de-
vant | vous. |

L'en-ne-mi | qui | m'a | per-ſé-cu-té |
ſans | me | don-ner | un | mo-ment | de |
re-lâ-che, | m'a | preſ-que | ré-duit | à |
ex-pi-rer | en | mor-dant | la | pouſ-ſi-e-re. |

Il | m'a | je-té | dans | l'hor-reur | des |

D

nebres, comme si j'étois déjà mort au monde ; & mon esprit se trouve agité par beaucoup d'inquiétudes, & mon cœur se consume de douleur.

Mais je me suis consolé par le souvenir des tems passés, discourant en mon esprit de vos actions merveilleuses en faveur de nos peres, & méditant sur les ouvrages de vos mains.

Je vous tends les miennes, & mon ame vous desire avec autant d'impatience que la terre seche attend l'eau.

Seigneur, exaucez-moi don promptement, car mes forces m

té-ne-bres , | com-me | fi | j'é-tois | dé-jà |
mort | au | mon-de ; | & | mon | ef-prit |
fe | trou-ve | a-gi-té | par | beau-coup |
d'in-qui-é-tu-des , | & | mon | cœur | fe |
con-fu-me | de | dou-leur. |

Mais | je | me | fuis | con-fo-lé | par |
le | fou-ve-nir | des | tems | paf-fés , |
dif-cou-rant | en | mon | ef-prit | de |
vos | ac-ti-ons | mer-veil-leu-fes | en | fa-
veur | de | nos | pe-res , | & | mé-di-
tant | fur | les | ou-vra-ges | de | vos |
mains. |

Je | vous | tends | les | mi-en-nes , | & |
mon | a-me | vous | de-fi-re | a-vec | au-
tant | d'im-pa-ti-en-ce | que | la | ter-re |
fe-che | at-tend | l'eau. |

Sei-gneur , | e-xau-cez | moi | donc |
promp-te-ment , | car | mes | for-ces | me |

quittent, & mon esprit est déjà sur le bord de mes levres.

Ne détournez point de moi votre visage, afin que je ne devienne point semblable à ceux qui descendent dans l'abîme.

Mais plutôt qu'il vous plaise me faire entendre dès le matin la voix de votre miséricorde, puisque c'est en vous que j'ai mis mon espérance.

Montrez - moi le chemin par lequel je dois marcher, d'autant qu mon ame est toujours élevée ver vous.

Seigneur, délivrez-moi du pouvoi de mes ennemis : je me jette entr vos bras, enseignez - moi à fair

quit-tent, | & | mon | ef-prit | eft | dé-jà | fur | le | bord | de | mes | le-vres. |

Ne | dé-tour-nez | point | de | moi | vo·tre | vi-fa-ge , | a██████ que | je | ne | de-vi-en-ne | point | fem-bla-ble | à | ceux | qui | def-cen-dent | dans | l'a-bî-me. |

Mais | plu-tôt | qu'il | vous | plai-fe | me | fai-re | en-ten-dre | dès | le | ma-tin | la | voix | de | vo-tre | mi-fé-ri-cor-de , | puif - que | c'eft | en | vous | que | j'ai | mis | mon | ef-pé-ran-ce. |

Mon-trez | moi | le | che-min | par | le-quel | je | dois | mar-cher , | d'au-tant | que | mon | a-me | eft | tou-jours | é-le-vée | vers | vous. |

Sei-gneur , | dé-li-vrez | moi | du | pou-voir | de | mes | en-ne-mis : | je | me | jet-te | en-tre | vos | bras , | en-fei-gnez | moi | à |

votre volonté, car vous êtes mon Dieu.

Votre esprit qui est bon, me conduira par une terre unie; & pour la gloire de votre nom, Seigneur, vous me donnerez des forces & de la vigueur selon votre équité.

Délivrez mon ame des afflictions qui l'oppressent; & me faisant sentir les effets de votre miséricorde, exterminez mes ennemis.

Perdez tous ceux qui tâchent de m'ôter la vie par les peines qu'ils donnent à mon esprit : car je suis votre serviteur.

Gloire soit au Pere, &c.

fai-re | vo-tre | vo-lon-té, | car | vous | ê-tes |
mon | Di-eu. |

Vo-tre | ef-prit | qui | eft | bon , | me |
con-dui-ra | par | u-ne | ter-re | u-nie ; |
& | pour | la | gloi-re | de | vo-tre | nom , |
Sei-gneur , | vous | me | don-ne-rez |
des | for-ces | & | de | la | vi-gueur | fe-lon |
vo-tre | é-qui-té. |

Dé-li-vrez | mon | a-me | des | af-flic-
ti-ons | qui | l'op-pref-fent ; | me | fai-
fant | fen-tir | les | ef-fets | de | vo-tre |
mi-fé-ri-cor-de , | ex-ter-mi-nez | mes |
en-ne-mis. |

Per-dez | tous | ceux | qui | tâ-chent |
de | m'ô-ter | la | vie | par | les | pei-nes |
qu'ils | don-nent | à | mon | ef-prit : | car |
je | fuis | vo-tre | fer-vi-teur. |

Gloi-re | foit | au | Pe-re , | &c. |

LES VÊPRES

DU DIMANCHE.

PSEAUME 109.

LE Seigneur a dit à mon Seigneur : Soyez assis à ma droite.

Tandis que terrassant vos ennemis, je les ferai servir d'escabeau à vos pieds.

Le Seigneur fera sortir de Sion le sceptre de votre puissance, pour étendre votre Empire au milieu des Nations qui vous sont ennemies.

Votre peuple se rangera auprès de vous au jour de votre force, étant revêtu de la splendeur de vos Saints, dès le moment de votre

LES | VÊ-PRES|
DU | DI-MAN-CHE.|

PSEAU-ME | 109.

LE | Sei-gneur | a | dit | à | mon | Sei-
gneur : | So-yez | aſ-ſis | à | ma | droi-te. |

Tan-dis | que | ter-raſ-ſant | vos | en-
ne-mis, | je | les | fe-rai | ſer-vir | d'eſ-ca-
beau | à | vos | pieds. |

Le | Sei-gneur | fe-ra | ſor-tir | de |
Si-on | le | ſcep-tre | de | vo-tre | puiſ-
ſan-ce, | pour | é-ten-dre | vo-tre | Em-
pi-re | au | mi-li-eu | des | Na-ti-ons | qui |
vous | ſont | en-ne-mies. |

Vo-tre | peu-ple | ſe | ran-ge-ra | au-
près | de | vous | au | jour | de | vo-tre |
for-ce, | é-tant | re-vê-tu | de | la | ſplen-
deur | de | vos | Saints, | dès | le | mc-

naiſſance, qui paroîtra au monde comme la roſée de l'aurore.

Le Seigneur a juré, & il ne ſe rétractera point : Vous êtes (dit-il) le Prêtre éternel ſelon l'ordre de Melchiſédech.

Ce Dieu tout-puiſſant qui eſt à vos côtés, briſera l'orgueil des Rois, au jour de ſa fureur.

Il exercera ſa juſtice ſur toutes les Nations : il couvrira les champs de corps morts, & caſſera la tête à pluſieurs mutins qui ſont ſur la terre.

Il boira en chemin des eaux du torrent, & par-là il s'élevera dans la gloire.

Gloire ſoit au Pere, &c.

ment | de | vo-tre | naiſ-ſan-ce , | qui | pa-
roî-tra | au | mon-de | com-me | la | ro-ſée |
de | l'au-ro-re. |

Le | Sei-gneur | a | ju-ré , | & | il | ne |
ſe | ré-trac-te-ra | point : | Vous | ê-tes |
(dit-il) | le | Prê-tre | é-ter-nel | ſe-lon|
l'or-dre | de | Mel-chi-ſé-dech. |

Ce | Di-eu | tout | puiſ-ſant | qui | eſt | à |
vos | cô-tés , | bri-ſe-ra | l'or-gueil | des |
Rois , | au | jour | de | ſa | fu-reur. |

Il | e-xer-ce-ra | ſa | juſ-ti-ce | ſur | tou-tes |
les | Na-ti-ons : | il | cou-vri-ra | les | champs|
de | corps | morts , | & | caſ-ſe-ra | la |
tê-te | à | plu-ſi-eurs | mu-tins | qui | ſont | ſur |
la | ter-re. |

Il | boi-ra | en | che-min | des | eaux | du |
tor-rent , | & | par | là | il | s'é-le-ve-ra | dans|
la | gloi-re. |

Gloi-re | ſoit | au | Pe-re , | &c. |

PSEAUME 110.

SEIGNEUR, je confesserai vos louanges de tout mon cœur, les publiant en la société des Justes, & dans l'assemblée des fideles.

Les ouvrages du Seigneur sont grands, & ceux qui les considerent ne peuvent se lasser de les admirer.

La gloire & la magnificence paroissent dans les ouvrages de ses mains : sa justice demeure inviolable pendant l'éternité.

Il nous fait célébrer la mémoire de ses merveilles ; le bon & miséricordieux Seigneur qu'il est, il nourrit ceux qui le servent avec crainte.

PSEAU-ME | 110.

SEIGNEUR, | je | con-ſeſ-ſe-rai | vos | lou-an-ges | de | tout | mon | cœur, | les | pu-bli-ant | en | la | ſo-ci-é-té | des | Juſ-tes, | & | dans | l'aſ-ſem-blée | des | fi-de-les. |

Les | ou-vra-ges | du | Sei-gneur | ſont | grands , | & | ceux | qui | les | con-ſi-de-rent | ne | peu-vent | ſe | laſ-ſer | de | les | ad-mi-rer. |

La | gloi-re | & | la | ma-gni-fi-cen-ce | pa-roiſ-ſent | dans | les | ou-vra-ges | de | ſes | mains : | ſa | juſ-ti-ce | de-meu-re | in-vi-o-la-ble | pen-dant | l'é-ter-ni-té. |

Il | nous | fait | cé-lé-brer | la | mé-moi-re | de | ſes | mer-veil-les ; | le | bon | & | mi-ſé-ri-cor-di-eux | Sei-gneur | qu'il | eſt, | il | nour-rit | ceux | qui | le | ſer-vent | a-vec | crain-te. |

Il n'y a point de siecle, ni de durée qui lui faffe perdre le souvenir de son alliance ; il fera paroître à son peuple la vertu de ses exploits.

Il augmentera son héritage par les biens des Nations infideles, & l'on verra par les ouvrages de ses mains la vérité de ses promeffes, & l'infaillibilité de ses jugemens.

Rien ne pourra jamais ébranler la force de ses loix, fondées sur la durée de l'éternité, compofées felon les regles de la vérité & de la juftice.

Il lui a plu d'envoyer un Sau-

Il | n'y | a | point | de | fi-e cle, | ni |
de | du-rée | qui | lui | faf-fe | per-dre | le |
fou-ve-nir | de | fon | al-li-an-ce ; | il |
fe-ra | pa-roî-tre | à | fon | Peu-ple | la |
ver-tu | de | fes | ex-ploits. |

Il | aug-men-te-ra | fon | hé-ri-ta-ge |
par | les | bi-ens | des | Na-ti-ons | in-fi-
de-les, | & | l'on | ver-ra | par | les | ou-vra-
ges | de | fes | mains | la | vé-ri-té | de | fes |
pro-mef-fes , | & | l'in-fail-li-bi-li-té | de |
fes | ju-ge-mens. |

Ri-en | ne | pour-ra | ja-mais | é-bran-ler |
la | for-ce | de | fes | loix, | fon-dées | fur |
la | du-rée | de | l'é-ter-ni-té , | com-po-fées |
fe-lon | les | re-gles | de | la | vé-ri-té | & |
de | la | juf-ti-ce. |

Il | lui | a | plu | d'en-vo-yer | un | Sauveur à son peuple, & de faire avec lui une alliance pour toute l'éternité.

Son nom saint & redoutable nous fait assez voir que le commencement de la sagesse est la crainte du Seigneur.

En effet, il n'y a que des personnes bien avisées qui observent ses préceptes : & leurs louanges subsisteront durant toute l'éternité.

Gloire soit au Pere, &c.

PSEAUME III.

HEUREUX est l'homme qui sert le Seigneur avec crainte, il ne trouve point de plaisir qui égale celui d'exécuter ses commandemens.

Sa postérité sera puissante sur la

veur | à | son | peu-ple , | & | de | fai-re |
a-vec | lui | u-ne | al-li-an-ce | pour | tou-te |
l'é-ter-ni-té. |

Son | nom | saint | & | re-dou-ta-ble |
nous | fait | as-sez | voir | que | le | com-
men-ce-ment | de | la | sa-ges-se | est | la |
crain-te | du | Sei-gneur. |

En | ef-fet , | il | n'y | a | que | des |
per-son-nes | bi-en | a-vi-sées | qui | ob-
ser-vent | ses | pré-cep-tes : | & | leurs |
lou-an-ges | sub-sis-te-ront | du-rant |
tou-te | l'é-ter-ni-té. |

Gloi-re | soit | au | Pe-re, &c. |

P S E A U - M E | I I I.

Heu-reux | est | l'hom-me | qui |
sert | le | Sei-gneur | a-vec | crain-te, |
il | ne | trou-ve | point | de | plai-sir | qui |
é-ga-le | ce-lui | d'e-xé-cu-ter | ses | com-
man-de-mens. |

Sa | pos-té-ri-té | se-ra | puis-san-te | sur |

terre, & la race des Juſtes ſera com-
blée de bénédiƈtions.

La gloire & les richeſſes rendront
ſa maiſon floriſſante, & ſon équité
ſubſiſtera éternellement.

Ainſi la lumiere ſe répand ſur les
bons parmi les ténebres, parce que
le Seigneur eſt juſte, pitoyable &
miſéricordieux.

L'homme qui, ſenſible aux af-
fliƈtions de ſon prochain, l'aſſiſte
ſelon ſa commodité, & qui regle
ſes paroles & ſes aƈtions ſur les préceptes de la juſtice, eſt vraiment
heureux; parce qu'il ne ſera jamais
ébranlé.

Sa mémoire ſera immortelle, & il
ne craindra point que les langues mé-
diſantes déshonorent ſa réputation.

la | ter-re , | & | la | ra-ce | des | juf-tes |
fe-ra | com-blée | de | bé-né-dic-ti-ons. |

La | gloi-re | & | les | ri-chef-fes | ren-
dront | fa | mai-fon | flo-rif-fan-te, | & | fon |
é-qui-té | fub-fif-te-ra | é-ter-nel-le-ment. |

Ain-fi | la | lu-mi-e-re | fe | ré-pand |
fur | les | bons | par-mi | les | té-ne-bres, |
par-ce | que | le | Sei-gneur | eft | juf-te , |
pi-toy-a-ble | & | mi-fé-ri-cor-di-eux. |

L'hom-me | qui , | fen-fi-ble | aux | af-
flic-ti-ons | de | fon | pro-chain , | l'af-fif-te |
fe-lon | fa | com-mo-di-té , | qui | re-gle |
fes | pa-ro-les | & | fes | ac-ti-ons | fur |
les | pré-cep-tes | de | la | juf-ti-ce, | eft |
vrai-ment | heu-reux ; | par-ce | qu'il | ne |
fe-ra | ja-mais | é-bran-lé. |

Sa | mé-moi-re | fe-ra | im-mor-tel-le, |
& | il | ne | crain-dra | point | que | les |
lan-gues | mé-di-fan-tes | dé-sho-no-rent |
fa | ré-pu-ta-ti-on. |

Son cœur est disposé à mettre toute sa confiance au Seigneur, sans avoir aucune pensée de l'en détourner jamais : il ne craint rien, & il attend avec constance la déroute de ses ennemis.

Et parce que dans la distribution de ses biens, il en a usé libéralement envers ceux qui étoient dans la nécessité, sa justice demeurera éternellement, & sa puissance sera honorée de tout le monde.

Les méchans voyant cela, creveront de dépit, de rage, ils en grinceront les dents, ils en fecheront de colere ; mais ils feront frustrés de leur attente, car les desirs des méchans périront.

Gloire soit au Pere, &c.

Son | cœur | eſt | diſ-po-ſé | à | met-tre |
tou-te | ſa | con-fi-an-ce | au | Sei-gneur , |
ſans | a-voir | au-cu-ne | pen-ſée | de | l'en |
dé-tour-ner | ja - mais : | il | ne | craint |
ri-en , | & | il | at-tend | a-vec | conſ-tan-ce |
la | dé-rou-te | de | ſes | en-ne-mis. |

Et | par-ce | que | dans | la | diſ-tri-bu-
ti-on | de | ſes | bi-ens , | il | en | a | u-ſé |
li-bé-ra-le-ment | en-vers | ceux | qui |
é-toient | dans | la | né-ceſ-ſi-té , | ſa |
juſ-ti-ce | de-meu-re-ra | é-ter-nel-le-ment, |
& | ſa | puiſ-ſan-ce | ſe-ra | ho-no-rée | de |
tout | le | mon-de. |

Les | mé-chans | vo-yant | ce-la , | cre-
ve-ront | de | dé-pit , | de | ra-ge , | ils | en |
grin-ce-ront | les | dents , | ils | en | ſé-che-
ront | de | co-le-re ; | mais | ils | ſe-ront |
fruſ-trés | de | leur | at-ten-te , | car | les |
de-ſirs | des | mé-chans | pé-ri-ront. |

Gloi-re | ſoit | au | Pe-re , | &c.

PSEAUME 112.

ENFANS, qui êtes appellés au service du Seigneur, louez son saint nom.

Que le nom du Seigneur soit béni dès à présent, & pendant toute l'éternité.

Car depuis le soleil levant jusqu'au point qu'il se couche, le nom du Seigneur mérite des louanges.

Le Seigneur est exalté par-dessus toutes les Nations, sa gloire est élevée par-dessus les Cieux.

Qui est-ce donc qui peut entrer en comparaison avec le Seigneur notre Dieu, qui demeure là-haut,

PSEAU-ME | 112.

ENFANS, | qui | ê-tes | ap-pel-lés | au | ſer-vi-ce | du | Sei-gneur, | lou-ez | ſon | saint | nom. |

Que | le | nom | du | Sei-gneur | ſoit | bé-ni | dès | à | pré-ſent, | & | pen-dant | tou-te | l'é-ter-ni-té. |

Car | de - puis | le | ſo - leil | le - vant | juſ-qu'au | point | qu'il | ſe | cou-che, | le | nom | du | Sei-gneur | mé-ri-te | des | lou-an-ges. |

Le | Sei - gneur | eſt | ex - al - té | par-deſ-ſus | tou-tes | les | Na-ti-ons, | ſa | gloi-re | eſt | é-le-vée | par-deſ-ſus | les | Ci-eux. |

Qui | eſt | ce | donc | qui | peut | en-trer | en | com-pa-rai-ſon | a-vec | le | Sei-gneur | no-tre | Di-eu, | qui | de-meu-re | là | haut, |

& qui s'abaiſſe toutefois juſqu'à conſidérer les choſes qui ſont dans le Ciel & ſur la terre ?

Il releve les miſérables de la pouſſiere, & retire les plus pauvres de la fange.

Pour les établir dans les charges honorables, pour leur faire part du gouvernement des affaires avec les Princes de ſon peuple.

Qui rend féconde la femme ſtérile, & la rend joyeuſe, la faiſant mere de pluſieurs enfans.

Gloire ſoit au Pere, &c.

PSEAUME 113.

EN cette mémorable ſortie que fit Iſraël hors de l'Egypte, après que la maiſon de Jacob fut délivrée

& | qui

& | qui | s'a-baiſ-ſe | tou-te-fois | juſ-qu'à | con-ſi-dé-rer | les | cho-ſes | qui | ſont | dans | le | ci-el | & | ſur | la | ter-re ? |

Il | re-le-ve | les | mi-ſé-ra-bles | de | la | pouſ-ſi-e-re, | & | re-ti-re | les | plus | pau-vres | de | la | fan-ge. |

Pour | les | é-ta-blir | dans | les | char-ges | ho-no-ra-bles, | pour | leur | fai-re | part | du | gou-ver-ne-ment | des | af-fai-res | a-vec | les | Prin-ces | de | ſon | peu-ple. |

Qui | rend | fé-con-de | la | fem-me | ſté-ri-le, | & | la | rend | jo-yeu-ſe, | la | fai-ſant | me-re | de | plu-ſi-eurs | en-fans. |

Gloi-re | ſoit | au | Pe-re, | &c. |

P S E A U - M E | 113.

En | cet-te | mé-mo-ra-ble | ſor-tie | que | fit | Iſ-ra-ël | hors | de | l'E-gyp-te, | a-près | que | la | mai-ſon | de | Ja-cob |

E

de la captivité où elle étoit réduite chez un peuple barbare.

Dieu choisit la Judée pour y dresser son sanctuaire, & pour établir son Empire en Israël.

La Mer vit cette haute entreprise, & prit la fuite; & le Jourdain, arrêtant ses eaux, les fit remonter du côté de sa source.

Les montagnes ont sauté comm les beliers, & les collines ont tref failli de joie dans les plaines, comm les petits agneaux auprès de leur meres.

Mais dites-nous, vaste Mer qui est-ce qui vous épouvanta

fut | dé-li-vrée | de | la | cap-ti-vi-té | où |
el-le | é-toit | ré-dui-te | chez | un | peu-ple |
bar-ba-re. |

Di-eu | choi-fit | la | Ju-dée | pour |
y | dref-fer | fon | fanc-tu-ai-re, | & | pour |
é-ta-blir | fon | Em-pi-re | en | If-ra-ël. |

La | Mer | vit | cet-te | hau-te | en-tre-
pri-fe , | & | prit | la | fui-te ; | & | le |
Jour-dain , | ar-rê-tant | fes | eaux , | les |
fit | re-mon-tér | du | cô-té | de | fa |
four-ce. |

Les | mon-ta-gnes | ont | fau-té | com-me |
les | be-li-ers, | & | les | col-li-nes | ont |
tref-fail-li | de | joie | dans | la | plai-ne, |
com-me | les | pe-tits | a-gneaux | au-près |
de | leurs | me-res. |

Mais | di-tes | nous, | vaf-te | Mer, |
qui | eft-ce | qui | vous | é-pou-vanta |

fort, que vous vous retirâtes en fuyant ; & vous, fleuve du Jourdain, qui vous fit retourner en arriere ?

Vous, montagnes, pourquoi bondissiez-vous comme des agneaux auprès de leurs meres ?

C'est que devant la face du Seigneur, la terre s'est émue, c'est qu'elle a senti les agitations de la crainte en la présence du Dieu de Jacob.

Qui fait sortir des étangs de la pierre, & qui convertit les rocher en fontaines.

Non point à nous, Seigneur, no point à nous ; mais à votre nom donnez la gloire qui lui appartient.

ſi | fort , | que | vous | vous | re-ti-râ-tes | en | fu-yant ; | & | vous , | fleu-ve | du | Jour-dain, | qui | vous | fit | re-tour-ner | en | ar-ri-e-re ? |

Vous, | mon-ta-gnes, | pour-quoi | bon-diſ-ſi-ez | vous | com-me | des | a-gneaux | au-près | de | leurs | me-res ? |

C'eſt | que | de-vant | la | fa-ce | du | Sei-gneur , | la | ter-re | s'eſt | é-mue , | c'eſt | qu'el-le | a | ſen-ti | les | a-gi-ta-ti-ons | de | la | crain-te | en | la | pré-ſen-ce | du | Di-eu | de | Ja-cob. |

Qui | fait | ſor-tir | des | é-tangs | de | la | pi-er-re , | & | qui | con-ver-tit | les | ro-chers | en | fon-tai-nes. |

Non | point | à | nous , | Sei-gneur , | non | point | à | nous , | mais | à | vo-tre | nom | don-nez | la | gloi-re | qui | lui | ap-par-ti-ent.

E 3

A cause de la grandeur de votre miséricorde, & de la vérité de vos promesses, afin que les Nations ne disent point : Où est leur Dieu ?

Car il est au Ciel, où il fait tout ce qu'il lui plaît, sans que sa puissance soit limitée.

Mais les simulacres des Gentils sont or & argent, ouvrages des mains des hommes.

Ils ont une bouche, & ne parlent point ; ils ont des yeux, & ne voient rien.

Ils ne sont pas capables d'écouter avec leurs oreilles, ni de flairer avec leurs narines.

Leurs mains sont inutiles pour

A | cau-se | de | la | gran-deur | de | vo-tre | mi-sé-ri-cor-de , | & | de | la | vé-ri-té | de | vos | pro-mes-ses, | a-fin | que | les | Na-ti-ons | ne | di-sent | point : | Où | est | leur | Di-eu ? |

Car | il | est | au | Ci-el , | où | il | fait | tout | ce | qu'il | lui | plaît , | sans | que | sa | puis-san-ce | soit | li-mi-tée. |

Mais | les | si-mu-la-cres | des | Gentils | sont | or | & | ar-gent , | ou-vra-ges | des | mains | des | hom-mes.

Ils | ont | u-ne | bou-che , | & | ne | par-lent | point ; | ils | ont | des | y-eux , | & | ne | voi-ent | ri-en. |

Ils | ne | sont | pas | ca-pa-bles | d'é-cou-ter | a-vec | leurs | o-reil-les , | ni | de | flai-rer | a-vec | leurs | na-ri-nes. |

Leurs | mains | sont | i-nu-ti-les | pour |

toucher , & leurs pieds font incapables de marcher : ils ne fauroient rendre aucun fon de leur gorge.

Que ceux-là qui les font , leur puiffent reffembler , & tous les hommes qui mettent en eux leur confiance.

La maifon d'Ifraël a mis toute fon efpérance au Seigneur , qui eft prêt à fon fecours ; car il eft fon protecteur.

La maifon d'Aaron a efpéré en fa feule bonté ; il eft fon appui & fon protecteur.

Ceux qui craignent le Seigneur , fe confient en lui ; il eft leur refuge & leur protecteur.

tou-cher , | & | leurs | pi-eds | ſont | in-
ca-pa-bles | de | mar-cher : | ils | ne | ſau-
roient | ren-dre | au-cun | ſon | de | leur |
gor-ge. |

Que | ceux | là | qui | les | font, |
leur | puiſ-ſent | reſ-ſem-bler , | & | tous |
les | hom-mes | qui | met-tent | en | eux |
leur | con-fi-an-ce. |

La | mai-ſon | d'Iſ-ra-ël | a | mis | tou-te |
ſon | eſ-pé-ran-ce | au | Sei-gneur, | qui |
eſt | prêt | à | ſon | ſe-cours ; | car | il | eſt |
ſon | pro-tec-teur. |

La | mai-ſon | d'A-a-ron | a | eſ-pé-ré |
en | ſa | ſeu-le | bon-té : | il | eſt | ſon | ap-pui |
& | ſon | pro-tec-teur. |

Ceux | qui | crai-gnent | le | Sei-gneur, |
ſe | con-fi-ent | en | lui ; | il | eſt | leur |
re-fu-ge | & | leur | pro-tec-teur. |

E 5

Le Seigneur s'eft fouvenu de nous, & nous a donné fa bénédiction; il a comblé de faveurs la maifon d'Ifraël, il a béni la maifon d'Aaron.

Il a répandu fes graces fur tous ceux qui réverent fa puiffance, depuis les plus grands jufqu'aux plus petits.

Que le Seigneur vous favorife inceffamment, vous & vos enfans.

Puifque vous êtes aimés du Seigneur, qui a fait le ciel & la terre.

Le Seigneur a choifi le ciel très-haut pour fa demeure, & il a donné la terre aux enfans des hommes, (afin d'y habiter.)

Le | Sei-gneur | s'eſt | ſou-ve-nu | de |
nous , | & | nous | a | don-né | ſa | bé-né-
dic-ti-on ; | il | a | com-blé | de | fa-veurs |
la | mai-ſon | d'Iſ-ra-ël , il | a | bé-ni | la |
mai-ſon | d'A-a-ron. |

Il | a | ré-pan-du | ſes | gra-ces | ſur | tous |
ceux | qui | ré-ve-rent | ſa | puiſ-ſan-ce , |
de-puis | les | plus | grands | juſ-qu'aux |
plus | pe-tits. |

Que | le | Sei-gneur | vous | fa-vo-ri-ſe |
in-ceſ-ſam-ment , | vous | & | vos | en-fans. |

Puiſ-que | vous | ê-tes | ai-més | du | Sei-
gneur , | qui | a | fait | le | ci-el | & | la |
ter-re. |

Le | Sei-gneur | a | choi-ſi | le | ci-el | très |
haut | pour | ſa | de-meu-re , | & | il | a | don-
né | la | ter-re | aux | en-fans | des | hom-
mes , | (a-fin | d'y | ha-bi-ter.) |

E 6

Cependant, Seigneur, les morts ne vous louent point, ni ceux qui descendent dans les lieux profonds.

Mais nous qui vivons, rendons continuellement des actions de graces au Seigneur, & reconnoissons à jamais ses faveurs.

Gloire soit au Pere, &c.

HYMNE.

Créateur excellent de la lumiere, qui produisez celle des jours, préparant l'origine du monde par le commencement d'une clarté toute nouvelle.

Vous avez ordonné qu'on appelleroit jour, le matin joint avec le soir, débrouillant l'horrible confu-

Ce-pen-dant, | Sei-gneur, | les | morts |
ne | vous | lou-ent | point, | ni | ceux |
qui | deſ-cen-dent | dans | les | li-eux |
pro-fonds. |

Mais | nous | qui | vi-vons, | ren-dons |
con-ti-nu-el-le-ment | des | ac-ti-ons | de |
gra-ces | au | Sei-gneur, | & | re-con-noiſ-
ſons | à | ja-mais | ſes | faveurs. |

Gloi-re | ſoit | au | Pe-re, | &c. |

H Y M - N E.

CRE-A-TEUR | ex-cel-lent | de | la | lu-
mi-e-re, | qui | pro-dui-ſez | cel-le | des |
jours, | pré-pa-rant | l'o-ri-gi-ne | du |
mon-de | par | le | com - men - ce - ment |
d'u-ne | clar-té | tou-te | nou-vel-le. |

Vous | a-vez | or-don-né | qu'on | ap-pel-
le-roit | jour, | le | ma-tin | joint | a-vec |
le | ſoir, | dé-brouil-lant | l'hor-ri-ble |

fion des chofes ; entendez nos prieres , qui font accompagnées de
larmes.

De peur que l'efprit opprimé par
les crimes , ne foit privé des biens
de la vie , tandis que ne fongeant
point à méditer les chofes éternelles ,
il fe précipite dans les liens du
péché.

Qu'il pouffe fes defirs jufque dans
le Ciel , qu'il remporte le prix de la
vie : évitons tout ce qui peut lui être
contraire ; & par une fainte pénitence, purgeons notre ame de toutes
fes iniquités.

Faites-nous cette faveur, Pere
très-faint, vous fon Fils unique,

con-fu-fi-on | des | cho-fes ; | en-ten-dez |
nos | pri-e-res, | qui | font | ac-com-pa-
gnées | de | lar-mes.|

De | peur | que | l'ef-prit | op-pri-mé |
par | les | cri-mes, | ne | foit | pri-vé |
des | bi-ens | de | la | vie, | tan-dis | que |
ne | fon-geant | point | à | mé-di-ter | les |
cho-fes | é-ter-nel-les, | il | fe | pré-ci-pi-te |
dans | les | li-ens | du | pé-ché. |

Qu'il | pouf-fe | fes | de-firs | juf-que |
dans | le | Ci-el, | qu'il | rem-por-te | le |
prix | de | la | vie : | é-vi-tons | tout | ce |
qui | peut | lui | ê-tre | con-trai-re ; | & |
par | u-ne | fain-te | pé-ni-ten-ce, | pur-
geons | no-tre | a-me | de | tou-tes | fes |
i-ni-qui-tés. |

Fai-tes | nous | cet-te | fa-veur, | Pe-re |
très faint, | vous | fon | Fils | u-ni-que, |

& vous, Esprit confolateur, qui regnez à perpétuité.

Ainfi foit-il.

CANTIQUE DE LA VIERGE.

MON ame glorifie le Seigneur.

Et mon efprit s'eft réjoui en Dieu, auteur de mon falut.

Parce qu'il a regardé favorablement la baffeffe de fa fervante, c'est pourquoi je ferai appellée bienheureufe dans la fuite de tous les âges.

Car le Tout-puiffant a opéré en moi de grandes merveilles, & fon Nom eft faint.

Sa miféricorde paffe de lignée en lignée, en tous ceux qui le fervent avec crainte.

& | vous, | Eſ-prit | con-ſo-la-teur, | qui | re-gnez | à | per-pé-tu-i-té.

Ain-ſi | ſoit-il. |

CAN-TI-QUE | DE | LA | VI-ER-GE. |

Mo n | a-me | glo-ri-fie | le | Sei-gneur. | Et | mon | eſ-prit | s'eſt | ré-jou-i | en | Di-eu, | au-teur | de | mon | ſa-lut. |

Par-ce | qu'il | a | re-gar-dé | fa-vo-ra-ble-ment | la | baſ-ſeſ-ſe | de | ſa | ſer-van-te, | c'eſt | pour-quoi | je | ſe-rai | ap-pel-lée | bi-en-heu-reu-ſe | dans | la | ſui-te | de | tous | les | à-ges. |

Car | le | Tout | puiſ-ſant | a | o-pé-ré | en | moi | de | gran-des | mer-veil-les, | & | ſon | Nom | eſt | ſaint. |

Sa | mi-ſé-ri-cor-de | paſ-ſe | de | li-gnée | en | li-gnée, | en | tous | ceux | qui | le | ſer-vent | a-vec | crain-te. |

Il a fait paroître la force de son bras, faisant avorter les desseins des superbes.

Il a fait descendre les Puissans de leurs Trônes, & a élevé les petits.

Il a rempli de biens ceux qui sont dans la nécessité, & a réduit les riches à la mendicité.

Il a pris en sa protection son serviteur Israël, s'étant ressouvenu de sa miséricorde.

Selon la parole qu'il en avoit donnée à nos Peres, à Abraham & à toute sa postérité pour jamais.

Gloire soit au Pere, &c.

Il | a | fait | pa-roî-tre | la | for—ce | de |
fon | bras , | fai-fant | a-vor-ter | les | def-
feins | des | fu-per-bes.

Il | a | fait | def-cen-dre | les | Puif-fans
de | leurs | Trô-nes , | & | a | é-le-vé | les |
pe-tits. |

Il | a | rem-pli | de | bi-ens | ceux |
qui | font | dans | la | né-cef-fi-té , | & |
a | ré-du-it | les | ri-ches | à | la | men-
di-ci-té. |

Il | a | pris | en | fa | pro-tec-ti-on | fon |
fer-vi-teur | If-ra-ël , | s'é-tant | ref-fou-
ve-nu | de | fa | mi-fé-ri-cor-de.

Se-lon | la | pa-ro-le | qu'il | en | a-voit |
don-née | à | nos | Pe-res , | à | A-bra-
ham | & | à | tou-te | fa | pof-té-ri-té |
pour | ja-mais. |

Gloi-re | foit | au | Pe-re , | &c. |

ORAISON A S^{te}. GENEVIEVE,

Patrone de Paris.

HEUREUSE Sainte, qui avez été choisie de Dieu, entre tant d'ames, pour être la Patrone de la plus grande Ville du monde, prenez encore, je vous prie, le soin de ma personne en particulier ; & en conduisant ce Navire, jetez par fois quelques regards sur moi pour me servir d'intelligence & de guide durant cette navigation, où il y a tant de périls, & où on voit tant de naufrages ; c'est donc entre vos bras, ô ma très-chere Patrone, que je me jette, & ce sont les aimables lumieres de votre divin flambeau que je veux suivre,

O - R A I - S ON

A | SAIN - TE | GE - NE - VI - E - VE, |

Pa-tro-ne | de | Pa-ris.

HEU-REU-SE | Sain-te, | qui | a-vez | é-té | choi-fie | de | Di-eu, | en-tre | tant | d'a-mes, | pour | ê-tre | la | Pa-tro-ne | de | la | plus | gran-de | Vil-le | du | mon-de, | pre-nez | en-co-re, | je | vous | prie, | le | foin | de | ma | per-fon-ne | en | par-ti-cu-li-er; | & | en | con-dui-fant | ce | Na-vi-re, | je-tez | par | fois | quel-ques | re-gards | fur | moi | pour | me | fer-vir | d'in-tel-li-gen-ce | & | de | gui-de | du-rant | cet-te | na-vi-ga-ti-on, | où | il | y | a | tant | de | pé-rils, | & | où | on | voit | tant | de | nau-fra-ges; | c'eft | donc | en-tre | vos | bras, | ô | ma | très | che-re | Pa-tro-ne, | que | je | me | jet-te, | & | ce | font | les | ai-ma-bles | lu-mi-e-res | de | vo-tre | di-vin | flam-beau | que | je | veux | fui-vre, |

afin qu'en cette vie ayant été par votre moyen délivré de toutes sortes d'ennemis visibles & invisibles, je puisse pour jamais vivre en paix dans le sein de mon Dieu, qui doit être le port de mes plus fideles amours & de mes espérances.

PRIERE.

O DIEU, qui réglez avec un ordre merveilleux les différens ministeres des Anges & des hommes, accordez à nos prieres, que nous ayons pour protecteurs sur la terre ces Esprits bienheureux qui sont sans cesse dans le Ciel au pied de votre trône, pour exécuter vos divines volontés : nous vous en supplions par notre Seigneur Jesus-Christ. Ainsi soit-il.

a-fin | qu'en | cet-te | vie | a-yant | é-té | par |
vo-tre | mo-yen | dé-li-vré | de | tou-tes | for-
tes | d'en-ne-mis | vi-fi-bles | & | in-vi-fi-bles, |
je | puif-fe | pour | ja-mais | vi-vre | en |
paix | dans | le | fein | de | mon | Di-eu, |
qui | doit | ê-tre | le | port | de | mes | plus |
fi-de-les | a-mours | & | de | mes | ef-pé-
ran-ces. |

P R I - E - R E.

O | DI-EU, | qui | ré-glez | a-vec | un |
or-dre | mer-veil-leux | les | dif-fé-rens | mi-
nif-te-res | des | An-ges | & | des | hom-mes, |
ac cor-dez | à | nos | pri-e-res, | que | nous |
a-yons | pour | pro-tec-teurs | fur | la | ter-re |
ces | Ef-prits | bi-en-heu-reux | qui | font |
fans | cef-fe | dans | le | Ci-el | au | pi ed | de |
vo-tre | trô-ne, | pour | ex-é-cu-ter | vos |
di-vi-nes | vo-lon-tés : | nous | vous | en |
fup-pli-ons | par | no - tre | Sei - gneur |
Je-fus-Chrift. |

Ain-fi | foit-il. |